对话

教育热点 》》》

DUIHUA
JIAOYU REDIAN **2011**

教育部新闻办公室
中国教育科学研究院

教育科学出版社
·北京·

人民群众对教育的关切是教育发展的强大动力。虚心听取和真诚回应人民群众的意见和疑问，会让教育的未来之路越走越宽广。

出版前言

推动经济社会又好又快发展，实现中华民族伟大复兴，科技是关键，人才是核心，教育是基础。教育关乎国计民生，涉及千家万户。随着社会发展水平和人民生活水平的不断提高，教育越来越受到社会关注。为深入实施科教兴国战略和人才强国战略，全面落实国家中长期教育改革和发展规划纲要，进一步加强政府与人民群众的密切联系，回应人民群众对教育工作的关切，解答人民群众对教育问题的困惑，我们在广泛征求意见、深入调查研究的基础上，组织编写了《对话教育热点 2011》，以增进人民群众对教育的了解、理解和支持，努力办好人民满意教育，推动教育事业科学发展。

教育部新闻办公室
中国教育科学研究院

目　录 Contents

1 如何突破教育改革发展瓶颈
——谈国家教育体制改革试点全面启动

典型事例

2010 年 10 月 24 日，为进一步深化教育体制改革，根据《国家中长期教育改革和发展规划纲要（2010—2020 年)》（以下简称《教育规划纲要》）的部署，国务院办公厅下发了《关于开展国家教育体制改革试点的通知》（国办发〔2010〕48 号)，决定在部分地区和学校开展国家教育体制改革试点。

2010 年是教育事业发展极为不平凡的一年。这一年，历时两年编制的教育纲领性文件《教育规划纲要》颁布，并召开了新世纪第一次、改革开放以来第四次全国教育工作会议，教育发展进入新的历史阶段。人民群众对教育的满意度不断提高，关注支持教育的热情以及对教育的期待也更加高涨。全国人民翘首期盼教育事业能够抓住良好发展机遇迈上更高阶段，满足高质量、多样化的教育需求。

○ 为什么要启动国家教育体制改革试点

2010 年 7 月，全国教育工作会议的召开和《教育规划纲要》的颁布，是新世纪教育事业发展中的一件大事。在这次全国教育工作会议上，胡锦涛总书记明确指出，推动教育事业科学发展必须优先发展教育，必须坚持以人为本，必须坚持改革创新，必须促进教育公平，必须重视教育质量。这"五个必须"全方位阐明了教育事业科学发展的基本内容和主要任务。优先发展是前提，以人为本是核心，促进公平和提高质量是战略重点，改革创新是强大动力。温家宝总理也强调，要实现教育的科学发展，根本出路在改革创新。深化教育改革成为全党全社会推进教育事业取得新辉煌的共识。

改革是教育发展的根本动力。可以这么说，在教育发展的每一个关键阶段，改革都发挥了不可替代的推动作用。回顾改革开放 30 多年来教育发展的历史经验，这一阶段中国教育发展的历史就是一部教育改革的历史。1977 年 10 月，在小平同志的倡导下，恢复高考制度，教育改革成为改革开放的先声。改革开放以后，我国分别于 1985、1994、1999 年召开三次全国教育工作会议，在三个关键时刻，颁布了三个纲领性文件。1985 年颁布《中共中央关于教育体制改革的决定》，提出教育体制改革的根本目的是提高民族素质，多出人才、出好人才，必须从体制入手系统地进行改革。1993 年颁布《中国教育改革和发展纲要》，在 1985 年《中共中央关于教育体制改革的决定》的基础上，对教育工作提出了"建立适应社会主义市场经济体制和政治、科技体制改革需要的教育体制，更好地为社会主义现代化建设服务"的新要求，对我国教育体制改革的方向、目标、思路和改革的内容，进一步做了深刻的阐述，全面勾画了如何建立起与社会主义市场经济体制相适应的教育新体制的蓝图。1999 年颁布的《中共中央国务院关于深化教育改革全面推进素质教育的决定》，提出"全面推进素质教育，构建一个充满生机的有中国特色社会主义教育体系，为实施科教兴国战略奠定坚实的人才和知识基础"的奋斗目标，要求改革教育体系结构、教育制度、管理体制，为实施素质教育创造条件。

　　面向未来 10 年的《教育规划纲要》更加高度重视改革。以改革促进发展，以改革提高质量，以改革增强活力，成为制定和实施《教育规划纲要》始终强调的主线。《教育规划纲要》明确提出把改革创新作为教育发展的强大动力，对教育改革进行了全面系统的设计，提出了 6 大改革任务，明确了本届政府重点推进的 10 项改革试点。这些任务不仅成为今后一段时期内全面贯彻落实《教育规划纲要》的主要内容，更是全面实现《教育规划纲要》各项目标任务的重要抓手。

知识拓展

> 《教育规划纲要》在题目上突出了"改革"二字；在内容上改革占三分之一以上。《教育规划纲要》各部分都努力体现改革的精神，并在第三部分集中阐述体制改革，强调以人才培养为核心整体设计和推进各项改革。从人才培养体制、考试招生制度、现代学校制度、办学体制、管理体制、对外开放六个重点领域对改革进行了系统设计。为了切实推进改革、尽快见到成效，《教育规划纲要》还专门提出了本届政府启动实施的 10 大改革试点任务，分别是推进素质教育改革试点、义务教育均衡发展改革试点、职业教育办学模式改革试点、终身教育体制机制建设试点、拔尖创新人才培养改革试点、考试招生制度改革试点、现代大学制度改革试点、深化办学体制改革试点、地方教育投入保障机制改革试点和省级政府教育统筹综合改革试点。

　　在国际教育舞台上，以促进公平、提高质量为主题的教育改革也纷纷登场。譬如，2006 年 9 月，为了防止学校出现两极分化，英国提出关闭 300 所薄弱学校，由发展良好的优质学校接管，打造连锁式的学校。同时，为了遏制择校现象的继续扩大，英国出台了新的《学校招生录取规章》，明确禁止把家长的经济状况、职业、学历和社会背景作为学校招生时的考虑因素。巴西实行了"孩子上学、家长领钱"的"助学补助金计划"，通过补偿弱势群体、大力普及教育。芬兰实行个性化教学，不让一个孩子掉队，努力实现教育结果的公平。美国未来高等教育委员会在 2006 年 9 月 19 日公布了备受瞩目的《领导力的考验——美国高等教育未来规划》，强调大学应该提供高质量教育，建议政府增加对教育和科研机构的投资，重点发展科学、技术、工程、数学等领域，努力培养急需的外语人才。建议很快反映在实践领域，美国富布赖特项目随后在 10 月份宣布，首次增加支持美国学生到国外学习外语的奖学金项目。2006 年 7 月，德国通过了"联邦制改革方案"，引起高等教育政策的一系列变化。改革提出，教育权限下放至各州和高校，扩大高校自主权，鼓励"精英大学"建设，力图推出改革"带头羊"，并且提出要拓宽科研渠道，重振"思想之国"，保证德国在全球化浪潮中的竞争力。这些无疑需要建立在提高教育质量的基础之上。俄罗斯反思了教育的优势和不足，认为其教育面临现代化挑战。提出要维护已取得的成就，并且开始更新。西班牙则在 2006 年通过一部新《教育法》，推动其以"提高教育质量和实现机会均等"为目标的基础教育改革。

知识拓展

美国提高教育质量新举措：建立纵向的数据质量系统

20 世纪 80 年代以来，美国教育改革的中心便是提高学校教育质量，或者说是提高学生的学业成就。继《不让一个孩子掉队法》出台以后，美国各种教育组织纷纷出台了多种提高教育质量的措施。2005 年 11 月，美国州首席教育官员理事会 (The Council of Chief State School Officers) 和美国联邦教育部数据峰会 (US Department of Education's Data Summit) 联合发起了数据质量运动 (Data Quality Campaign)，即以州为基础，在全国范围内建立纵向的教育数据信息系统，其宗旨便在于提升学生学业成就。这项运动得到比尔和梅琳达·盖茨基金会 (Bill & Militia Gates Foundation) 的大力资助，由国家教育责任中心 (National Center for Education Accountability) 负责管理。这项全国性的运动由许多教育组织共同协作，以鼓励和支持州政策制定者提高教育数据的质量、可获得性和实用性；利用州的纵向数据系统提升学生学业成就。

一、数据质量运动的目标。美国国内各种教育组织参加了这项运动，共同致力于建立完善有效的数据系统。该项运动发展目标如下：(1) 到 2009 年，州建立完善的高质量的纵向数据系统；(2) 增强对纵向数据的理解，推动对这些数据有价值的运用，以提高学生成就；(3)推动、发展和采用共同的数据标准，有效地进行数据传递和交流。

二、数据质量系统的内容。纵向数据汇总每个学生历年的行为表现，能够跟踪每个学生的学业成长轨迹，显示出绩效优异的教育计划，确认表现突出的学校及其教育体制。纵向数据系统包含以下10项要素：(1)各州的学生有一份唯一的档案，这份档案在州内保存学生每年的行为表现记录，每个学生有一份唯一的档案，学生档案永远跟随学生，从幼儿园到12年级，用于记录每个学生的行为表现，记录学生从低年级到高年级的学业成长轨迹。(2)学生的注册、统计及参加教育项目的记录。学生注册、统计及教育计划参与情况的准确信息对评估学校及其教育计划非常重要，这也是考查学生转校和注册对其学习成就影响的必要信息。(3)学生每年的考试成绩报告记录，以考查其学业是否进步。(4)未参加考试的学生信息及其不参加考试的原因。(5)能够将教师和学生联系起来的教师档案系统。许多州都收集教师教育及教师资格认证的相关数据，但是将教师和学生通过课堂和科目结合起来，才是了解教师培训和认证与学生成就增长之间关系的关键。(6)学生的书面信息记录，包括完成的课程和获得的学分。许多州鼓励学生，尤其是那些低收入家庭和少数族裔的学生在中学选择严格的课程，从而为中学后教育及就业做好准备。(7)学生大学入学预备考试分数记录。学生在学术水平测验考试(SAT)、大学入学科目考试(SAT II)、大学入学考试(ACT)、大学预修课程考试(AP)和国际文凭考试(IB)的成绩是学生大学申请时的重要参考因素；各州应该收集并报道每年的数据信息。(8)学生毕业率和辍学率。(9)学生从幼儿园到中学后教育的记录卡。各州及学校希望将高中教育与中学后教育连接起来，当学生离开中学进入大学后，他们需要学生成就方面更准确的信息。大多数州没有能够在高中和大学间相互交换的数据系统。(10)评估数据的质量、有效性及可靠性的核查系统。[1]

目前，面对教育事业科学发展的新要求，迫切需要全面适应社会主义经济体制、民主政治体制和社会管理体制改革的要求，深化教育体制改革，突出教育改革的系统性、协调性，加强制度建设、推动制度创新。另一方面，随着改革的不断深入，教育改革进入了"深水区"，制约教育更好更快发展的深层次矛盾日益凸显，这些矛盾既有观念上的冲突，也有利益上的冲突；既有与传统体制的矛盾，也有在新情况、新问题下产生的矛盾。为了尽可能地少走弯路，使改革的收益最大化，改革的风险最小化，迫切需要积极稳妥地推进教育改革，做到统筹谋划，系统设计，循序渐进。

教育改革的方向（来源：CFP 资料图片）

人民群众盼改革，期望孩子能够上好学，接受公平、良好的教育；教育系统盼改革，期望突破体制机制障碍，激发教育活力；社会各界盼改革，期望快出人才、多出人才、出好人才。加快推进教育体制改革，人心所向、势在必行。在准确把握教育改革新特点的基础上，为全面落实《教育规划纲要》各项任务、实现教育事业发展的新目标，为破解体制机制难题，为满足人民群众期盼，中央全面部署启动了国家教育体制改革试点工作。

○ 国家教育体制改革试点该如何推进

按照教育改革的任务要求，在当前和今后一个时期，国家教育体制改革工作将从三个层面系统推进：一是重大标准、重要制度的改革，以及复杂、敏感、系统性强的改革，由国家层面进行统筹谋划，在做好整体设计的基础上统一组织实施；二是对一些重点领域和关键环节的改革，由省级人民政府和中央有关部门在国家指导下开展试点，取得经验后，再总结推广；三是各地各校结合自身实际，根据规划纲要的要求，自行组织改革试验。

为有效推进改革试点工作，加快重点领域和关键环节的改革，2010 年 10 月 24 日，国务院办公厅印发了《关于开展国家教育体制改革试点的通知》，标志着国家教育体制改革试点工作全面启动。国家教育体制改革试点的基本内容为三大类，即专项改革试点、重点领域综合改革试点和省级政府教育统筹综合改革试点。

相关链接

新时期新阶段推进教育改革的"五个结合"②

一要做到"上下结合"。任何一项改革，只有既得到学生、家长和广大教育工作者的支持，又符合国家的要求，才能真正推行、取得成功。

二要做到"左右结合"。任何重大改革，只有加强统筹协调，得到各相关方面的密切配合和大力支持，得到社会各界的关心、理解和帮助，才能凝聚改革的力量，减少阻力，形成合力。

三要做到"点面结合"。凡是涉及面广的重大政策，应该在一些地区和学校先行先试，取得成功经验后，再由点及面推广。这样做可以减少改革成本，使改革收益最大化。

四要做到"远近结合"。教育改革不可能一蹴而就。教育领域的许多矛盾是长期积累形成的，原因也比较复杂，解决起来需要一个过程。要对各种问题和矛盾进行科学分析，既要进行长远谋划，又要明确近期任务。对于反映突出的问题，要优先列入改革日程，及早启动改革，让老百姓得到实实在在的好处。

五要做到"软硬结合"。近些年来，随着国家经济实力的增强，党和政府对教育的重视，我们在硬件建设上取得了很大进展。今后在继续加快改善办学条件的同时，要更加重视软件建设，加强思想观念的更新、方式方法的转变和体制机制的创新。只有硬件软件同时建设、同步加强，才能提升教育发展水平。

专项改革包括十大试点任务：基础教育有 3 项，分别是加快学前教育发展、推进义务教育均衡发展和探索减轻中小学生课业负担的途径；高等教育有 3 项，分别是改革人才培养模式、改革高等学校办学模式和建设现代大学制度；另外 4 项是改革职业教育办学模式、改善民办教育发展环境、健全教师管理制度和完善教育投入机制。

重点领域综合改革试点，包括基础教育综合改革试点、职业教育综合改革试点、高等教育综合改革试点和民办教育综合改革试点。

基础教育（3项）	→	加快学前教育发展 推进义务教育均衡发展 探索减轻中小学生课业负担的途径
高等教育（3项）	→	改革人才培养模式 改革高等学校办学模式 建设现代大学制度
其他（4项）	→	改革职业教育办学模式 改善民办教育发展环境 健全教师管理制度 完善教育投入机制

国家教育体制改革试点十大专项试点

　　省级政府教育统筹综合改革试点，旨在深化教育管理体制改革，探索政校分开、管办分离实现形式。统筹推进各级各类教育协调发展。统筹城乡、区域教育协调发展。统筹编制符合国家要求和本地实际的办学条件、教师编制、招生规模等基本标准。统筹建立健全以政府投入为主、多渠道筹集教育经费、保障教育投入稳定增长的体制机制。总的来看，试点任务涵盖了各级各类教育的重点领域和关键环节，每项任务在确定试点地区时统筹考虑了东、中、西部的布局。

相关链接

综合改革典型案例：江苏省关于高等教育综合改革试点③

【改革目标】

　　积极探索多元化、优质化、特色化和国际化的办学道路，力争把我省建设成为高等教育深化改革的先导区、科学发展的示范区、现代大学制度建设的先行区。

　　到2015年，全省高等教育毛入学率达到50%以上。各类高校基本办学条件合格率达到100%，争取有20所高校进入全国先进行列。高校国家一级学科、重点学科占全国总数的10%以上，部分优势学科进入国际同类学科排名前列。建成40所示范高等职业院校。

【改革措施】

深化高等教育管理体制改革。建立科学的高校分类体系，实施分类管理和分类指导，引导高校办出特色。

积极推进现代大学制度建设。健全现代大学治理结构，完善公办学校党委领导下的校长负责制。建立省属高校拨款咨询委员会。

着力优化高等教育布局结构。优化高等教育资源配置，建立"江苏区域高校联盟"。

大力创新人才培养模式。大力推进研究性、实践性教学，全面推行学分制和弹性学制。推进产学研联合培养研究生的"双导师制"。

加快建设高水平大学和重点学科。继续做好"985工程"、"211工程"高校部省共建工作。实施江苏高校优势学科建设工程。

不断加大产学研结合力度。将产学研合作成效纳入对地方政府和高校的考核内容。

努力打造高层次人才队伍。实施高层次创新创业人才引进计划。探索面向社会公开招聘高校校长的实施形式，大力实施"江苏人民教育家"培养工程。

不断提升高等教育国际化水平。创办三至四所中外合作办学的高水平大学。建立江苏国际高等教育园。

积极推进招生考试改革。试行分类入学考试，完善高中学业水平测试和综合素质评价办法，把测试评价结果作为不同层次高校入学资格的必要因素。试行专科学校注册入学。

探索建立科学分类评价机制。建立健全高校分类评价体系，培育独立的第三方评价机构。

【配套政策】

1.对具备条件的高校，下放专业技术资格评审权。2.根据实际，优化教育专项经费设置办法。3.增设优秀在校大学生公派留学资助项目。4.优先将"产学研"合作研发项目列入当地科技计划，优先给予经费支持。5.制定《江苏省校企合作促进条例》。

【保障条件】

1.成立省教育体制改革领导小组，建立定期通报制度。2.进一步加大政府对高等教育投入。3.建立高教综合改革专项经费。4.建立定期考核评价制度，及时总结推广好的经验、做法。

○ 国家教育体制改革试点进展如何

为加强对教育体制改革工作的领导，2010年7月，国务院成立了国家教育体制改革领导小组，由教育部、国家发改委、财政部、人力资源和社会保障部等20个中央部委组成，刘延东国务委员担任组长，领导小组办公室设在教育部，袁贵仁部长兼任主任。领导小组分别于2010年8月、2011年5月召开了第

一、第二次会议，部署了国家教育体制改革试点的启动和推进工作。

为了提高教育决策的科学性，加强对国家教育体制改革的指导，根据《教育规划纲要》的有关规定和第一次领导小组会议的部署，组建了国家教育咨询委员会，2010 年 11 月 18 日召开了成立大会，刘延东同志出席并发表重要讲话。首届国家教育咨询委员会由 64 位委员组成，分为 10 个组开展工作，对应《教育规划纲要》确定的十大改革任务。自成立以来的半年时间里，国家教育咨询委员会最核心的工作是评审和指导试点工作。在前期试点立项阶段，咨询委员会各工作组对国家教育体制改革试点方案进行了认真审议、论证，提出备案意见。试点启动后，各工作组累计开展调研活动近 50 次，对 50 多个试点项目

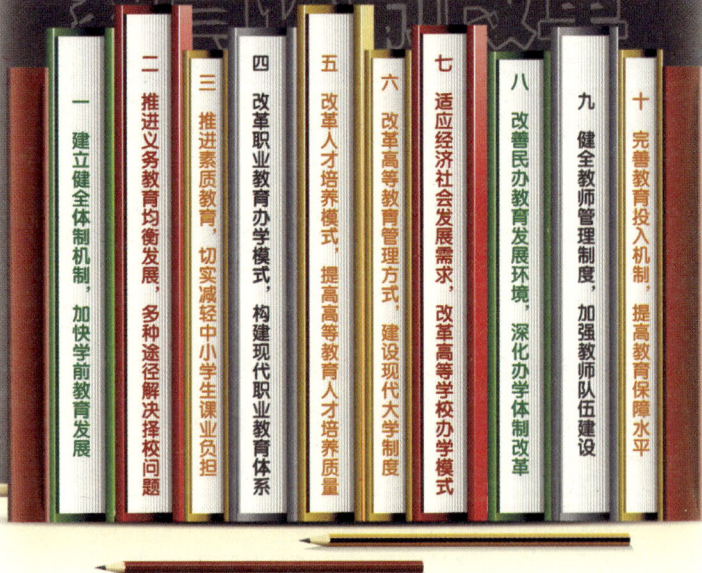

国家教育体制改革试点工作十大任务（来源：CFP 资料图片）

进行了实地评估指导，覆盖了北京、河北、山西、广东、新疆等25个省（区、市）。

今年5月20日，国家教育体制改革领导小组办公室在京召开了全国推进教育体制改革试点工作座谈会。各省（区、市）教育厅（教委）、新疆生产建设兵团及深圳市教育局等负责教育体制改革的有关同志在会上进行了深入交流，总体看，各地试点启动实施顺利，并已取得初步成效。

建立工作机构和咨询机构，加强组织领导和指导。目前，各省（区、市）也参照国家的做法，基本都建立了教育体制改革领导小组及其办公室。组长多由分管教育的副省长（副主席、副市长）担任，办公室主任多由教育厅厅长（或教委主任）兼任，成员单位往往涵盖党政群系统的一二十个部门。其中，浙江、安徽、湖南、云南、西藏等地的教改领导小组组长由省长（主席）亲自担任，天津、上海、广西、新疆等部分地区的教改领导小组实行双组长制，由市（区）常委和分管教育的副市长（副主席）同时担任组长。各个承担具体试点任务的地区和单位也都成立了相应的工作领导小组及其办公室。不少地方还参照国家教育咨询委员会，成立或筹建了相应的专家咨询组织。其中，重庆、甘肃成立了教育体制改革专家咨询委员会，福建、江西、宁夏组建了教育体制改革咨询专家组或指导小组，江苏、广东、四川、新疆等地正在积极筹建全省（区）教育咨询委员会。

完善项目方案，推动试点启动。根据国办发〔2010〕48号文件精神和国家教育咨询委员会提出的备案评审意见，各试点地区和单位在深入调研论证的基础上，进一步完善了试点项目实施方案，明确试点项目的改革目标、改革措施、进度安排、配套政策、保障条件、责任主体、风险分析及应对措施、预期成果、推广价值等核心内容，更加突出了实施方案的针对性、操作性、实效性。截至目前，425项国家教育体制改革试点项目

学籍户籍应脱钩，外地学子可以就地考试（来源：CFP 资料图片）

已全面启动实施，部分项目因有较好的前期基础已初步显现成效。比如，上海市正在开展"探索非本市户籍常住人口随迁子女非义务教育阶段教育保障制度"改革试点。其目标是：

对符合"两个稳定"条件（稳定就业和稳定住所）的在沪农民工同住子女，允许其报考中职学校；逐步实现中职教育向义务教育阶段毕业的农民工子女全面开放；突破现行高考政策，农民工同住子女在中职毕业后向其提供就读本市高职院校的考试和升学机会。

早在 2008 年，上海中等职业教育就开始尝试面向农民工开放，目前已经积累了一定的经验，在此基础上，将不断扩大招生规模。为开展此项改革试点，上海市将加大投入，为在沪农民工同住子女就读中职、高职院校提供财政经费保障。同时，全面深化中职学校教学改革，提高教学质量，为农民工同住子女顺利就业和升学提供优质服务。

很多地方在承担国家试点任务的同时，还组织开展了省级层面的教育改革试点工作。天津结合实际，遴选确定了 112 项市级改革试点项目；上海聚焦关键领域和薄弱环节，启动实施了 10 项教育综合改革重点试验项目；浙江设计了 31 项省级教育改革试点项目，内容涵盖人才培养模式改革等 7 个方面；福建确定 10 大改革试点任务，组织了一批省级教育改革试点；山东对综合改革试点任务进行分解，形成了 39 个试点项目，推动

99 个单位开展试点；湖北启动了 7 项省级改革试点；广东确定
125 个省级教育综合改革试点项目，涵盖了教育改革发展的重点

天津市 112 项市级教改试点项目举例

试点任务（八个方面）	试点项目（112 个）
建立健全体制机制，加快学前教育发展（6 个）	北辰区教育局承担"破解学前教育入园难对策研究"；天津经济技术开发区教育文化卫生体育局承担"推进发展国有民办学前教育，初探'入园难、入园贵'解决办法"等。
推进义务教育均衡发展，多种途径解决择校问题（7 个）	河西区教育局承担"深化初中招生制度改革，促进义务教育均衡发展"；南开区培智学校承担"保障重度残疾儿童享有接受教育的权利"等。
推进素质教育，切实减轻中小学生课业负担（14 个）	河东区教育局承担"促进义务教育均衡发展，减轻学生课业负担，提高教育质量综合改革"；天津市第一中学承担"天津一中理科创新人才培养的模式研究"等。
深化职业教育办学模式改革，构建现代职业教育体系（25 个）	天津职业大学承担"基于政校企联合的高职院校校企深度合作的研究与实践"；天津海运职业学院承担"校企合作'2+1'模式培养高素质国际海员的探索与实践"等。
改革高校人才培养模式，提高高等教育质量（34 个）	天津师范大学承担"大学公共体育课程'俱乐部制度'改革"；天津外国语大学承担"'天外求索学院'复合型涉外人才培养改革与探索"等。
落实高校办学自主权，建设现代大学制度（4 个）	天津科技大学承担"深化管理体制改革，探索建立现代大学制度"；天津大学承担"机遇岗位设置管理制度下的教师分类管理与建设"等。
适应经济社会发展，提高对外开放水平方面（10 个）	天津职业技术师范大学承担"规模扩张阶段的留学生教育管理模式探索"；南开大学承担"高层次对外交流与合作的探索"等。
健全教师管理制度，加强教师队伍建设（12 个）	天津职业技术师范大学承担"硕士层次'双师型'职教师资培养模式的探索与实践"；天津大学承担"海外高层次人才（千人计划）使用中的制度创新与实践"等。

领域和关键环节；四川遴选了 25 个省级改革试点项目，目前已完成实施方案和任务书的编制工作；青海启动了与国家试点相衔接、相配合的 7 项省内专项改革试点项目和 4 项重点领域综合改革试点项目；新疆针对 16 项改革任务，确定了重点实施的 30 项自治区改革试点项目；新疆生产建设兵团正在对申报的 40 多项教育体制改革试点进行初审；深圳市组织了 63 项市级改革试点。

出台配套文件，健全政策体系。为积极配合国家教育体制改革试点工作的开展，不少省（区、市）研究出台了一系列教育改革政策性文件。比如，江苏印发了《关于加快学前教育改革发展的意见》《高等教育综合改革试验区建设方案》《进一步促进民办教育发展的意见》等；浙江着眼于有破有立，深入研究各项改革试点项目中存在的政策性障碍，全面梳理需要突破的政策和放权的事项，逐一组织有关部门研究提出解决办法；天津出台了《关于市政府相关职能部门履行教育职责的督导检查标准》《关于区县教育局履行职责的督导检查标准》等；辽宁省委、省政府下发了《关于加快教育改革和发展若干意见》；江西制定了《关于推进全省城镇新区教育园区建设的意见（试行）》，提出了推进教育园区建设的"十条政策措施"；山东制定了《素质教育推进计划》《高素质教师队伍建设计划》《高校招生制度改革实施方案》等系列文件；湖北制定了《关于进一步推进全省义务教育均衡发展的意见》，出台了推进义务教育均衡发展的 10 个配套文件；广东为推动"加强内地高校与港澳知名高校合作办学"改革试点的启动实施，抓紧草拟《关于涉港澳合作办学管理办法》，目前已完成初稿；深圳市委、市政府出台了《关于推进教育改革发展率先实现教育现代化的决定》《关于优化深圳市义务教育财政投入结构的意见》等。

加大财政投入，提供经费保障。为保障教育改革试点工作顺利开展，各省（区、市）在经费投入方面加大了支持力度。比如，天津建立了改革试点经费保障机制，对改革试点项目给予多种形式的支持；上海市 2010 年用于试点项目的启动资金总量达到 4.22 亿元；四川省财政在 2011 年教育经费预算中专门设立了改革试点项目推进专项工作费 1000 万元，用于经常性支出和工作激励；贵州 2011 年安排了 4.39 亿元资金支持毕节地区教育体制改革试点工作；云南省政府今年安排了 1000 万元经费专项用于教育体制改革工作；江苏从 2010 年起连续六年每年投入 10 亿元用于支持全省高校学科建设；广西从去年起投入 6000 万元资金用于推进教师周转房建设试点；河北增加了 6000 万元专项资金用于支持农村职业教育改革发展；内蒙古将扩大学前教育资源列入"十项民生工程"，并明确在"十二五"期间，投入 10 亿元设立支持幼儿园发展专项基金；深圳加大统筹教育经费管理力度，明确财政优先保障教育投入，市、区财政一般预算支出中教育拨款比例，每年同口径提高 1% 等。

○ 推进教育体制改革试点还需要做什么

从了解到的情况看，目前各地在推进改革试点过程中还面临着一些困难和障碍：

一是认识不统一。在实际工作中，有些单位及领导对教育体制改革的紧迫性、复杂性、艰巨性缺乏充分认识，对试点项目的认识仍然停留在日常工作或课题研究的层面上，一些部门对教育改革配合不够积极。教育发展观念还没有转变，教育改革思路还不够清晰、措施还不够得力。

二是现有政策还有待突破和完善。改革意味着要突破和创新有关法律法规、政策措施的相关规定。否则，改革试点工作就容易画地为牢、四处碰壁。比如，《民办教育促进法》及其实施条例，对于民办学校的法人属性、民办学校教师的身份、民

1
各省市原有的教师资格考试逐步纳入全国统一的考核系统中，建立"国标、省考、县聘、校用"的教师准入和管理制度。

2
新入职的中小学和幼儿园教师必须通过资格考试，试点旨在建立中小学及幼儿教师准入门槛制度，主要针对新老师，现有老师不参与。

3
所有教师都要接受每五年一次的定期注册考核。考核内容包括师德、业务考核以及教学工作量考核，师德作为首要条件，实行一票否决。

4
明晰师范生免费教育的政策目标，重点是为农村学校培养骨干教师。

*2011年9月和10月在两个省份率先试行中小学和幼儿园教师资格考试的改革试点。

教师资格考核改革试点的主要内容（来源：CFP 资料图片）

办学校的监管等规定不够明确，导致民办学校扶持和规范政策难以落实，影响了民办教育健康发展；又如，由于国家没有明确和统一中小学教师资格考试的收费项目和标准，将直接影响到中小学教师资格考试改革试点的顺利进行。

三是管理体制改革有待加快推进。有地方反映，改革本身意味着要减少行政干预，扩大学校办学自主权。尤其在高等教育领域，从院校设置、招生计划审批、专业审核、学位授予到毕业注册等，管理权主要是在国家有关部门。地方承担的改革项目，单靠省级政府很难实现改革预期。还有地方反映，教师招聘工作一直由人力资源与社会保障部门主要负责，教育部门属于配合地位，这既不符合《中华人民共和国教师法》《国务院关于基础教育改革与发展的决定》等规定，也不符合《教育规划纲要》要求，地方改革试点中面临着进一步理顺相关管理体制及合理界定部门职责等难题。

四是试点启动实施工作进展不平衡。总体上看，全国教育体制改革试点工作进展良好，但改革试点项目之间、区域之间、学校之间的不平衡情况还比较明显。个别地方还存在重视不够、思路不广、措施不力、投入不多、相关配套政策不健全等问题，影响了改革试点的全面推进。

425 项国家教育体制改革试点全面启动后，工作重点将由前期的顶层设计转变为过程指导和经验总结，确保各项改革试点顺利进行，确保试出经验、试出政策，并有效推广。从各地启动实施改革试点总体情况看，进一步推进试点需要加强以下几个方面的工作：

加强过程监控。探索建立科学可行的督促检查机制，发挥领导小组及办公室、教育行政部门、国家教育咨询委员会等机构的监督检查、评估指导职能，按照试点实施的计划进度，开展跟踪调研，及时了解情况，定期进行评估，在实践中不断完善试点方案，确保改革平稳推进。对于实施过程中发现的问题，要认真研究，及时妥善处理，避免出现大的偏差。根据试点进展情况对试点项目进行动态调整和补充。

加强分类指导。我国教育发展不平衡，城乡、区域和校际发展差距较大，解决教育问题的基础与条件不尽相同。改革试点工作要从各地各校实际出发，从各级各类教育的实际出发，加强分类指导，明确各自发展思路、工作目标和重大举措。

建立健全政策调整机制。改革必然涉及原有体制机制和政策措施的改变，不适应的要调整，不健全的要完善，但是这些政策大多掌握在各相关部门手中，要突破原有规定，就要认真研究各地提出的政策建议，按程序切实解决改革试点中的政策突破问题。建立健全政策调整机制，将会更好地保护改革的积极性，并保证改革试点取得实效。

总结宣传先进经验，并加强交流和推广。好的创造和鲜活的经验往往来自基层、源自实践，要及时发现、总结推广各地各校的好经验、好做法，把那些具有创新价值、推广意义的改革举措，通过召开座谈会或经验交流会、形成政策文件等形式，由点到面加以推广。

★背景阅读

● 国务院办公厅. 关于印发国家中长期教育改革和发展规划纲要（2010—2020 年）任务分工的通知，国办发〔2010〕44 号.

● 国务院办公厅. 关于开展国家教育体制改革试点的通知，国办发〔2010〕48 号.

● 刘延东. 指导我国教育改革发展的宏伟纲领和行动指南[J]. 求是，2010-09-01.

---

① 陈芳. 美国提高教育质量新举措：建立纵向的数据质量系统 [J]. 世界教育信息，2008（12）.

② 刘延东. 在贯彻落实全国教育工作会议精神和教育规划纲要部署实施国家教育体制改革试点工作电视电话会议上的讲话 [R]. 2010-09-16.

③ 江苏省高等教育综合改革试点实施方案 [EB/OL]. (2010-12-26) [2011-10-10]. http://www.moe.gov.cn/publicfiles/business/htmlfiles/moe/s4934/201012/113095.html.

2 上海学生 PISA 测试名列前茅说明什么
——谈我国基础教育的优势和不足

典型事例

　　2009 年 4 月 17 日，上海 152 所学校的 5115 名学生正式参加了 PISA 测试，他们代表全市各类中学约 10 万名在校生，这在我国大陆还是第一次。2010 年 12 月初，测试结果公布，上海学生在阅读、数学、科学素养三方面均获得第一。这一结果立即引起了国内外媒体和教育界的广泛关注，甚至有美国记者声称：这一事件的意义与当年苏联发射第一颗人造卫星对西方的冲击一样大！国内重要媒体也以"上海学生 PISA 测试全球第一震惊欧美"为题予以报道。迄今，这一主题仍是全社会关注的热点话题。但是，与国外不同的是，国内出现了更多质疑的声音，认为成绩背后掩盖不了我国教育的落后现状，上海教育不能代表我国教育的整体水平，评价体系不符合我国的国情等。

　　面对上述赞扬声和质疑声，我们究竟如何看待上海学生在 PISA 测试中的表现呢？上海学生 PISA 测试名列前茅说明什么？应该如何进一步认识我国基础教育的优势和不足、提高基础教育质量呢？

○ 什么是 PISA 测试

　　PISA 是经济合作与发展组织（OECD）实施的国际学生评

估项目（Program for International Student Assessment）的简称。它开始于 2000 年，主要对 15 岁学生的阅读、数学、科学素养和问题解决能力展开调查研究。

PISA 测试是一种横向和纵向相结合的研究。从横向来看，它以国家或地区为单位，凡是符合其要求的 15 岁学生，都有被抽取参与测试的可能性，也就是说，它不仅包括接受普通教育的学生，而且包括接受职业教育的学生，只有患严重智力障碍和其他残疾的学生以及接受当地公用语言不到一年的学生可排除在外。抽样学生参加测试的成绩，与其他国家和地区的学生成绩展开比较，并分析其中的政策原因。从纵向来看，它是每 3 年进行一次，9 年为一周期的调查研究。每次重点测试一个方面，如 2000 年为阅读，2003 年为数学，2006 年为科学，除重点外，也开展其他方面的测试，但不是主要方面，如 2000 年除阅读外，也测试数学和科学，但所占比例较小，一般占主测试的三分之一。由于它在不同年份使用的题目具有相等的功能，因而可将跨年度的数据进行换算，展开纵向比较研究。

> **知识拓展**
>
> **PISA 测试的内容**
> PISA 测试的内容主要包括母语中的阅读、数学和科学的全部内容。
> 阅读既包括连续性的文本，如记叙文、说明文、议论文，也包括非连续性文本，如图表、表格、说明书等；
> 数学包括数量、空间和形状、变化和关系、不确定性；
> 科学包括物质系统、生命系统、地球和宇宙系统、技术系统以及科学探究和科学解释等。

与一般测试不同的是，PISA 测试除考查学生的学习内容以外，还通过问卷调查收集学生个人、家庭和学校的背景信息，分析影响教育质量的因素，为学校教育系统提供政策建议。如 2009 年的学生问卷涉及他们的家庭社会经济背景、阅读参与度和阅读策略等。校长问卷主要是关于教师状况、学校资源状况、学校风气和学校政策等方面的内容。每套学生问卷大概需要 35 分钟完成，每套校长问卷大概需要 30 分钟完成。

PISA 已经引起了世界范围的广泛关注和强烈反响，现已发展成为全球最有影响力的学生学业评估项目之一。它自诞生以来，就吸引了越来越多的国家和地区参与其中。2000 年，参与 PISA 测试的国家和地区有 43 个，2003 年为 41 个，2006 年达到 56 个，2009 年更达到 67 个。它们代表了全球 1/3 的人口和 9/10 的 GDP。我国台湾、香港、澳门和上海都参加了 PISA 测试。

知识拓展

PISA 学生问卷的内容	PISA 校长问卷的内容
学校和家庭教育的经历	学校状况
家庭阅读作业	学校的资源
阅读的自我感觉和态度	学校阅读教育特点
校外的阅读习惯等	家校联系等

PISA 测试在教育理念、工具编制、抽样和实施程序等方面都有其特点。

教育理念。 PISA 测试的教育理念主要表现为它是着眼于学生的终身学习和发展的，是以学生为本的发展性评价。与一般的评价不同，PISA 测试的重点不是学生的学校课程学习，而是学生的广义学习。换句话说，它打通了学生的校内学习和校外学习，着眼于学生应对现实生活的实际能力；它不仅重视学生的已有能力，还关注学生对学习的参与度和持续学习的兴趣；不仅关注学生现有的发展，还要弄清影响学生发展的相关因素，进一步促进学生的可持续发展。最能体现这一点的，就是 PISA 对"素养"的理解，它认为素养就是学生应用知识和技能的能力，分析、推理和有效沟通的能力，以及在不同情境中发现、分析和解决问题的能力。

　　PISA 测试的教育理念在其测试框架中充分反映出来。目前，世界的各类评价框架很少有关注情境的，而 PISA 则将其作为关注的重点对象，其目的就在于注重学生的终身学习和可持续发展。

	阅读	数学	科学
情　境	文本的应用领域： 个人的（如私人信件） 公共的（如官方文件） 职业的（如报告） 教育的（如与学校有关的阅读）	数学的应用领域： 关注数学在个人、社会和全球情境中的应用，如个人的、教育或职业的、公共的、科学的	科学的应用领域： 关注科学在个人、社会和全球情境中的应用，如健康、自然资源、环境危机、科学和技术前沿
知识领域	阅读材料的形式： 连续性文本：记叙文、说明文、议论文 非连续性文本：图表、表格和清单	数学领域和概念群： 数量、空间和形式、变化和关系、不确定性	科学知识： 物理系统、生命系统、地球和宇宙系统、技术系统 关于科学的知识： 科学探究、科学解释
能　力	阅读过程的类型： 信息检索 文本解释 文本反思和评价	数学能力群： 再现（简单数学运算） 关联（运用多个观念解决直接问题） 反思（更广的数学思考）	科学学习过程类型： 识别科学议题 科学地解释现象 运用科学证据

　　工具的编制。这里的工具是指测试题目。PISA 的工具编制主要表现为它所测的内容是具体清晰的。如学生的阅读能力，主要表现为信息检索、文本解释、文本反思与评价三个层级，需要不同的题目与其对应，如果张冠李戴，所测出来的就不是我们想要了解的学生的能力，因而这样的测试就不可信，甚至是误导。如国内有一道测试学生阅读能力的题目："列举一个中国历史上'以弱胜强'的事例，并作简要分析"，这里所测的实际上根本不是学生的阅读能力，而是学生的历史知识分析能力或写作能力。相反，PISA 测试的所有题目中就没有这样的情况，它从一开始的测试框架的设计，就是在明晰的能力概念下设计题目，并经过预考试修订后，才用于正式的测试，从而保证了工具的质量。

PISA 测试的一道阅读题目①

涂 鸦

索菲亚:

当学校的墙壁第四次被清理干净和重新粉刷就是为了处理胡乱涂鸦的时候,我非常气愤。创造性是值得赞美的,但是人们应该寻找一种不会给社会造成额外负担的方式去表达自己。

为什么要画那些被禁止的涂鸦来显示年轻人的名誉呢? 职业艺术家不会将他们的作品悬挂在大街上的,不是吗? 相反,他们将通过合法的展览寻找资助并获得荣誉。

对我来说,建筑物、围墙和公园的椅子本身就是艺术品。用涂鸦形式来损害这些建筑物实在太可悲了,而更为重要的是,这种方法也破坏了清新的布局。确实,我不能理解当这种"艺术作品"一次次从我们的视线中被扫除后,为什么这些违法的艺术家们又来添乱?

黑尔戛:

社会上充满了信息和广告。公司的商标、商店的名字、街上的大幅海报……它们是可以接受的吗? 是的,大部分是这样的。涂鸦也是可以接受的吗? 一些人说可以,另一些人说不可以。

谁为涂鸦埋单? 谁最终为广告付账? 你说对了,是消费者。

那些贴广告的人经过你的允许了吗? 没有。那么,涂鸦画家这样做了吗? 所有这些仅仅是交流的问题吗(你自己的名字、团体的名字以及街上的大量艺术作品)?

想一下许多年前商店里出现的条纹和方格图案的衣服,还有滑雪服。它们的款式和颜色是直接从形形色色的墙上"偷"来的。非常可笑的是,人们所接受和喜爱那些款式和颜色,但是以同样的风格涂鸦却被认为是可恶的。

这是一个对艺术来说非常艰难的时代。

问题 1. 这两封信件每一封的目的是:

    A. 解释什么是涂鸦;

    B. 提出一种关于涂鸦的观点;

    C. 阐明涂鸦的流行性;

    D. 告诉人们要花费多长时间清除涂鸦。

问题 2. 黑尔戛为什么提到广告?

问题 3. 你同意哪位作者的观点? 用自己的话解释至少一位作者信件的内容。

问题 4. 我们可以谈论信件所提到的内容,也可以谈论信件的写作方法。不管你同意哪一种观点,你认为哪一封信比较好? 通过指出至少一封信的写作方法来解释你的观点。

由上可见,PISA 测试在一篇文章中用不同的问题,测试了学生的信息检索、文本解释、文本反思与评价这些不同的阅读素养,能力或素养的概念非常清晰,从而保证了测试的科学有效。

抽样。抽样是 PISA 测试与普通考试相区别的一个特征，也是学生学业成就调查普遍采用的方法。通常的考试，只要是目标范围内的学生，人人都要参加。但是，作为监控教育质量与科学研究的测试，只要样本满足抽样要求，就不需要每个目标对象都来参与。这样，既达到了监控教育质量或科学研究的目的，还可节省大量人力、物力和财力。

实施程序。PISA 测试的每一步都很严格。例如，学生参加测试时，测试主任要在《测试考勤表》和《测试记录表》上记录学生的出席和测试情况，并和学校主考一起核对《学生基本信息表》，包括更新学生基本信息以及确认不符合测试的学生名单及其原因。另如，PISA 对测试材料的印刷都有特殊要求，因为他们认为印刷质量的不同会影响测量数据，导致误差。因此，各国在试卷印刷之前，要将印刷样本快递给 PISA 国际专业协调组织，由该组织检查纸张和油墨的质量、图表的清晰度和排版

知识拓展

PISA 对国际教育的影响

　　PISA 的研究结果影响了许多国家的教育改革。

　　PISA2000 年的调查结果公布后，德国发现本国学生的各项评估结果在 32 个 OECD 国家中居于下游，全国震惊，被称为"PISA 冲击"，由此掀起了一场义务教育领域大刀阔斧的改革。2003 年，联邦教研部推出了"未来教育和关怀"工程，计划在 2007 年之前投入 40 亿欧元，将全德 1/3 的学校改造成全日制学校，使德国中小学生受到更好的教育，提高教育质量，增强德国基础教育的国际竞争力。同时，德国还仿照 PISA 的标准，建立了德国学校教育的质量标准，成立了专门的机构监控学校的教育质量，并从提高教师、改善教学等方面进行教育改革。

　　美国的情况也有与德国相似的一面。美国学生在几次 PISA 测试中只取得了中等水平的成绩，主要原因是学生学习不深入，没有深刻的理解，问题的根源之一是课程过于宽泛，深入学习不足，被叫做"一英里宽一英寸深"的课程。为此，美国在关注教育公平、强调"不让一个孩子掉队"的同时，着力在提高教育质量上下工夫，布什总统、奥巴马总统都强调要使美国孩子在核心课程上的成绩达到全球第一。为此，加强学生学习的深入理解性、研究性，摆脱浅层次的记忆、再现型学习，大幅提高教育质量，成为美国教育改革的核心。

格式等，都符合要求后，才能够印刷。这些严格的控制程序保证了 PISA 测试的质量，是它赢得广泛国际声誉的重要原因之一。

正因为 PISA 测试有这样的特点，所以上海学生在 PISA 测试中名列前茅才会引起很大世界反响，才出现了美国记者的那一番话。

○ 如何从上海学生 PISA 测试成绩看我国的基础教育

2009 年的 PISA 测试是经济合作与发展组织开展的第四次国际学生评估项目，上海 152 所学校的 5115 名学生正式参加，这在我国大陆还是第一次。调查结果显示，上海学生的阅读平均成绩 556 分，排名全球第一，远高于 OECD 国家的平均成绩（493 分）。而且上海学生的阅读素养得分相对集中，说明学生之间的差距比较小；学生对阅读的喜爱程度也比较高，表示"阅读是我最喜欢的一项爱好"的学生占 70%，比 OECD 的平均值高 37%；学生概括文章的策略、理解和记忆文章策略掌握程度都是中等偏上，但男女生阅读素养的差距比较大，与世界其他国家和地区的情况相同，属于全世界共同的难题；同时，上海学生阅读非连续性文本的能力相对薄弱，说明学校课程在面向实际的选择方面存在不足。

数学素养的平均成绩为 600 分，也位居第一，远远高出排名第二位的新加坡（562 分）；超过四分之一的学生掌

2009 年 PISA 测试排名

	阅读素养	数学素养	科学素养
1	上海	上海	上海
2	韩国	新加坡	芬兰
3	芬兰	香港	香港
4	香港	韩国	新加坡
5	新加坡	台湾	日本
6	加拿大	芬兰	韩国
7	新西兰	列支敦士登	新西兰
8	日本	瑞士	加拿大
9	澳大利亚	日本	爱沙尼亚
10	荷兰	加拿大	澳大利亚

握了概括、推理、建模等高层次的数学思维方法，仅有 4.9% 的学生处于最低的 1 级和 1 级以下水平，该比例在参加测试的所有国家和地区中是最低的；男女生在数学素养方面没有差异。

科学素养的平均成绩为 575 分，也位居第一，远远高出位居第二位的芬兰（554 分）；科学精熟度水平达到最高的 6 级的学生比例为 3.9%，仅低于新加坡（4.6%），位于最低的 1 级和 1 级以下的学生比例为 3.2%，也为最低；男女生在科学素养方面也没有差异。

上海 PISA2009 的结果一经公布，便在国内外引起强烈反响。国外媒体的共同反应是震惊，主要有四种观点：一是赞叹，认为上海学生能力强，不再是以往的那种死记硬背了；二是反思，认为与中国上海相比，他们的教育落后了，要努力追赶；三是质疑，认为中国学生虽然成绩好，但创造力仍然不足；四是认为中国学生把时间都花在了学习科学知识上，牺牲了体育、艺术等其他方面的能力培养。国内媒体以及海外华人论坛的普遍反应是不感到意外，认为中国学生的应试能力强，主要有六种观点：一是为上海教育感到骄傲；二是质疑样本的可靠性；三是认为上海学生成绩好是因为应试能力强；四是觉得上海学生课业负担重，成绩好的背后代价也大；五是认为这是精英教育的结果；六是认为一次考试并不能完全说明问题。那么，我们怎样看待这些议论呢？

上海课程教学的改革富有成效

在 PISA 测试中，上海学生的成绩名列前茅，这是一个令人鼓舞的好消息。它从一个侧面肯定了上海基础教育的高质量，也肯定了上海教育改革特别是课程教学的改革是有成效的。

第一，上海学生 PISA 测试名列前茅的各种数据是有根据的，值得人们信服。作为国际上很有影响的学生评估项目，PISA 的评估理念先进，测试工具科学可靠，实施过程严格，因而它所取得的各种数据令人信服，是全世界公认的。这是我们对它得出结论的前提和基础。

第二，它说明上海的基础教育是高质量、高水平的。如上所述，PISA 是以现代教育、特别是以现代学习理念为依据的测试，它关注的不是学生对知识的记忆和再现能力，而是深刻的理解力、创新力和解决实际问题的能力，是一个公民能够在现代社会终身学习和发展的能力。这与我国大力推进的素质教育理念相一致，目的是要培养学生强烈的社会责任感、创新精神和实践能力。所以，在这样的测试中能够取得世界第一的好成绩，能够从一个侧面证明上海的基础教育是高质量、高水平的。

第三，它说明上海的教育改革，或至少基础教育改革是有很大成绩的。提高质量、促进公平是当前教育的核心主题。研究表明，教育质量的提高与社会公平，特别是教育公平有重要的正相关关系，教育越是公平，教育整体质量相应就高。上海学生 PISA 测试的数据也证明了其教育公平的成效。由此可见，上海学生在 PISA 测试中的成绩不仅直接证明了其教育质量的高水平，也证明了其教育公平性。这都说明上海在教育改革方面是走在全国前列的，并具有一定的世界水平。

第四，它表明上海的课程教学改革是有成效的。自 20 世纪 90 年代起，上海就在党中央国务院的领导下，开始进行区域内的课程改革，世纪之交，又开始了课程改革的二期工程，为全国的课程改革创造和积累了重要经验。众所周知，课程是教育的核心，教学是学校的

化学课堂中引导学生进行自主实验探索（来源：《中国教育报》资料图片）

中心工作。因此，上海学生能在国际教育质量评估的舞台上取得好成绩，是对上海课程教学改革成效的直接肯定。

不可简单断言我国基础教育已是国际一流

上海学生在 PISA 测试中的成绩能够说明我国的基础教育质量也是高水平的吗？这是一个不好直接回答的问题，需要具体分析。

首先，我们不能说上海学生 PISA 测试名列前茅，就说我国学生如果参加 PISA 测试也能取得同样的好成绩。因为上海毕竟只是我国的一个城市，而且，上海是我国经济最发达的城市之一，包括教育，许多领域的发展都走在全国前列，基础教育的发展也是如此。由于我国的地区差异巨大，上海确实无法代表我国教育的整体水平。所以，我们不能由上海学生 PISA 测试成绩名列前茅的结果，直接推论出我国的整个基础教育质量在全球也是一流的结论。

但是，从上海学生 PISA 测试成绩名列前茅的结果，可以肯定我国基础教育的发展是有突出的优点的。这就是我国重视学生对概念的理解和掌握，重视课程的深度和一定难度，这些都是以往教育中重视系统知识学习的延续，是需要继承和发扬的地方。

与此同时，它还证明了我国课程改革的方向是正确的，因为我国新一轮课程改革的精神与 PISA 测试的旨意基本一致，都是立足于现代社会、现代教育培养学生学会学习、学会做事、学会共同生活、学会生存的能力的。从这点来看，我国基础教育的质量即使不是特别好，但也不会太差，我们应该有这样的自信。

此次测试也暴露出我国基础教育存在的问题

上海学生在这次 PISA 测试中也暴露出了一些需要重点关注和解决的问题，主要是学生的学业负担比较重、自我调控的学习策略缺乏、学习态度和兴趣等方面的成绩欠佳、男生的阅读素养成绩不如女生、面向实际生活的能力仍有所欠缺等。

学生课业负担过重是困扰我国学生健康成长的一个普遍问题，这在本次 PISA 测试中也暴露出来了。学生学习兴趣不浓是一个世界性的难题，我国学生在这方面的严重程度尽管比较小，但其端倪不容忽视。自我调控学习策略缺乏的深层次问题是学生的独立自主性发展不够，这大概是我国教育发展中的一个严重问题，因为它直接制约着自主、合作、探究学习的成效，更影响着学生独立人格的形成。男生的阅读素养成绩不如女生，也是包括 PISA 在内的多次学业评价研究中发现的一个重要问题，除了男生生理成熟较晚的原因外，也与课程设置的针对性不是很强、教师性别失衡、教学方式需要改进等因素有关，需要综合治理。面向实际生活的能力欠缺，说明我国学校教育面向社会的意识还不够，实际措施有待改进。

○ 进一步提高我国基础教育质量需要注意的几个问题

上海学生在这次 PISA 测试中的表现，为我国进一步在方向、重点、政策等方面提高基础教育的质量提供了重要启示。

在提高教育质量的方向上，应坚定不移地从学生终身学习和发展的角度进行规划，坚持育人为本，促进学生全面发展。这既是 PISA 测试的指导思想，也是我国基础教育改革的大方向，需要继续坚持和完善。为此，需要进一步推动基础教育课程改革，保持课程结构的均衡性、综合性和选择性，继续转变学生的学习方式，注重为学生的终身学习与发展奠定全面而有个性的基础，引导学生主动学习、深入探究、勤于动手，培养学生分析问题和解决问题的能力以及交流与合作的能力。

减负是提高质量的重要一环。在提高教育质量的重点上，

要把学生从令人眩晕的题海战术中解救出来
（来源：CFP 资料图片）

要注意减轻学生过重的课业负担。课业负担过重是影响学生全面发展的重要因素，但它又是由各种原因造成的，需要综合治理。社会方面，需要建立科学的人才评价机制，从重学历向重能力转变，重视以德为先的人的全面素质；家庭方面，应主动引导孩子学会学习，促进孩子健康成长，而不是唯学历是瞻；教育方面，一是应改变教育观念、教学方法落后的局面，全面提升教育教学效益，将学生从"题海战术"中解放出来。二是要激发学生学习兴趣，培养学生自主学习的能力。学生学习兴趣不浓，特别是自主性不强，是制约我国教育质量提升的重要问题。因为如果学生自主性、主动性发展不够，会直接影响创造性的发展，进而影响创新型国家的建设，也影响人们的幸福生活。因此，激发学生学习兴趣，培养学生的自主性、主动性，是弥补我国基础教育不足，提升教育质量的核心。三是教育教学注意面向社会实际和未来发展。PISA 测试上海学生在阅读非连续性文本上的表现相对较差是一个重要信号，它说明我国课程建设和教育教学在引导学生面向社会实际和未来发展上还有所欠缺，不利于学生灵活掌握和运用知识，不利于培养学生服务国家服务人民的社会责任感，因而需要大力改进。四是要关注男生的阅读素养和学习。男生的阅读素养不如女生，已经成为一个世界性难题，我国也不例外，需要重点关注。另外，尽管这次上海 PISA 测试中没有反映出男女生其他方面的差别，但事实上这种差别也是存在的，所以，在教育教学的各环节关注男生的发展，应该提上重要议事日程。

相关链接

　　近年来，各地采取多种措施，努力减轻中小学生特别是小学生课业负担，取得一定成效。但是在部分地区、特定学段出现越加严重的趋势。这既有就业竞争压力层层传导到中小学等社会因素，也有以升学率考核学校、评价教师等政府因素，还有教育教学以及考试方式不科学等教育因素，再有"望子成龙"等文化因素。因此，减负是一项复杂的系统工程，既是长期的任务，又是紧迫的工作，必须下大力气扎实推进。当前要努力做好十项工作：一是努力提高教学效率；二是保证学生休息时间；三是缓解考试升学压力；四是开展学生心理疏导；五是引导家长更新观念；六是丰富学生课外生活；七是禁止教师有偿家教；八是取缔"占坑"培训；九是不得统一征订教辅资料；十是加大督导检查力度。

　　以教育公平促进质量提高。 在提高基础教育质量的政策上，全社会应继续积极推进教育均衡发展，以教育公平促进教育质量的提高。这次上海学生参加 PISA 测试突出的一点就是既证明了其教育质量的先进

推进教育公平　促进教育均衡发展（来源：CFP 资料图片）

性，也证明了教育均衡发展的情况，得出了与国际教育发展中以公平促质量相一致的结论。《国家中长期教育改革和发展规划纲要（2010—2020 年)》促进教育公平和提高教育质量并列，作为未来 10 年教育发展的重要工作目标，正体现了这样的精神。所以，在公平和效率的选择上，目前我国基础教育质量的提升，应采取的关键措施之一就是以公平促质量，以质量推动更高水平的公平，从而将公平正义的阳光洒向社会的每个角落，推动中国特色社会主义教育的发展。

建立完善的义务教育质量监测体系。反馈对学生的学习和教育质量的提高具有非常重要的价值。PISA 作为立足于比较各国和地区的教育质量、影响教育政策的项目,其重要功能在于科学的反馈。我国已经开始建立教育质量监测体系,对义务教育质量进行监控。在此过程中,我们将借鉴 PISA 的有关理念和经验,使它更好地服务于我国基础教育质量的提升。

但是,我们决不能将教育质量监测搞成新的应试教育,如果在各地教育质量监控中"引导"学生处处按有关测试模式操练,将使它失却本来的意义,最终会使它变成没有多少价值的测试。这是需要我们高度警惕的。

★背景阅读

• 陆璟. PISA2009 上海实施报告 [J]. 教育发展研究,2009(24).
• 张民选,等. 专业视野中的 PISA[J]. 教育研究,2011(6).

① OECD. Assessing Scientific, Reading and Mathematical Literacy: A Framework for PISA 2006[M]. Ministry of Education, Finland, 2010.

3 高中办学为何不要趋同
——谈高中特色办学

典型事例

为提升基础教育综合实力，因材施教，推广特色教育，天津市计划在 5 年内创建 50 所特色普通高中，今年将完成第一批特色高中实验项目的布点和启动。全市每个区县可申报一所特色高中实验学校。普通高中学校不分重点与非重点、公办与民办，均可申报特色高中实验项目。

新时期的高中应该怎么办？高中办学为何不要趋同？特色高中究竟好在哪里？高中特色办学已成为当今高中教育的一个重要课题。

普通高中教育是整个教育体系的重要环节和组成部分，肩负着九年义务教育普及后进一步提高国民整体素质、培养高素质劳动者和为高等学校输送优质生源的重要任务。近年来，我国普通高中教育有了长足的发展，普及程度和办学水平不断提高。但随着社会的全面发展和教育改革发展的逐步推进，普通高中在发展过程中也面临着一些问题，例如：学校办学模式单一，人才培养模式趋同，"千校一面"、缺乏办学特色等，这些问题越来越凸显。高中同质化、趋同化的倾向，一方面不能满足学生多样化的发展需求，另一方面也难以满足社会对多样化人才特别是拔尖创新人才的需求，普通高中的同质化和趋同化已经不能适应新时代的教育发展需求。因此，必须改变高中办学趋同的现状，鼓励高中走特色办学之路。

《国家中长期教育改革和发展规划纲要（2010—2020年）》指出，"推动普通高中多样化发展。促进办学体制多样化，扩大优质资源。推进培养模式多样化，满足不同潜质学生的发展需要。探索发现和培养创新人才的途径。鼓励普通高中办出特色"。鼓励特色办学，提高普通高中教育质量，全面实施素质教育，促进学生全面发展，将是今后中国高中教育改革和发展的重点。

○ 什么样的高中算是有特色

美国《新闻周刊》曾在广泛调查的基础上，评出全世界10所最好的学校和教育机构（其中9所学校，1个教育行政部门）。[①] 它们被认为是世界教育的成功典范，并不是这些学校各方面都很好，而是它们在某些方面独树一帜、标新立异，在某一方面取得突破和成功，形成自己的特色。新西兰特卡波湖学校的教育特色就是注重学生阅读能力的培养，该校提高学生阅读能力的重要途径就是有创造性的课程，强调通过背诵训练并让儿童按照自己的速度学习去提高理解力，把不同基础的学生编成不同等级的班级，把阅读和写作结合起来，培养学生阅读写作方面的专门才能。意大利迪亚纳学校的成功之处就在于学前教育效果特别显著。该校四面墙壁都是玻璃，看上去与其说是幼儿园，倒不如说是一所欢腾喧闹的温室。教室墙上贴的、窗上画的，从天棚上垂下来，桌子上铺展开的全是儿童工艺品，该校由教师自己设置课程，教学内容是围绕着让孩子们学习各种技艺并帮助他们认识世界的题目组织的，涉及数学、艺术和科学。学校注重培养学生的个性，让学生从小就能自由地按照自己的意愿开展各种活动。荷兰格雷达莫斯学校的特色之处就是数学教学出类拔萃。该校采用新的、革命性的数学教学体系——"实用数学"教学方法。其重要特别之处就在于，每教一个题目便要结合现实问题进行讨论，以便显示数学的真正含义是普通生活的有机组成部分。日本东京四谷第六小学的特色在于，科学教育强调创造性。学校的教育目标是培养学生能提出问题、形成独立的构思并且发展成为创造性的智力。学校还强调在实践中发展学生的创造性能力。荷兰埃克纳顿学校的成功之处在于外语教学方面。学生当中没有人去过英、美等国家，但是学生掌握的词汇、流利程度和自信心，不亚于甚至还要超过许多美国十几岁的孩子。美国匹兹堡市威斯汀霍斯中学的成功之处就是实施"艺术推动"计划。该校把通常被认为是奢华的艺术科目作为教育的重要组成部分，其内容包括音乐、视觉艺术和写作。学生们学习用艺术来表现自己的情感和解决问题。德国安克库敦考勒中学的特色之一就是崇尚工艺。该校对工艺教育

普通高中特色学校研究专项课题推进会召开（来源：中国教育科学研究院资料图片）

予以特别重视，不仅在课程中设置了专业教育课程，而且让学生到一些小型企业中去充当工程师的学徒，并要参加专门的毕业考试，学生在企业学习期间可以领取报酬。美国加州大学伯克利分校的成功之处在于造就了大批科研精英。该校并不大，但它在教学中鼓励学生按照自己的思路去研究问题，以便产生出完全不同的思维模式。瑞典斯德哥尔摩职业中心在教育上的成功之处是为学生就业创造条件。该校在教学中十分重视对学生就业必需的知识传授，如现代财会业务以及计算机技术等课程。该校学生毕业后的就业率十分高。德国科隆地区教育部在教育方面的特色是十分重视教师的严格挑选与培训，并大力提高教师的待遇，使一批最优秀和最聪颖的人才能投入到教育事业中来。

在国内也有很多成功的例子。人大附中确立"尊重个性，挖掘潜力，一切为了学生的发展，一切为了祖国的腾飞，一切为了人类的进步"的办学思想，遵循"爱是教育的最高境界、爱是自然流溢的奉献、尊重是教育的真谛、尊重是创造的源泉"的教育理念，以培养全面发展并具有突出特长的学生为目标，构建了促进学生个性发展的广度深度兼顾的课程体系，打造了一支高水平教师团队，开辟了超常教育的试验田，创建了第一个中学校园网和中学生足球俱乐部，获得了学科、科技、艺术、体育等诸多方面的几十项世界冠军和二十多个世界金奖，把我国中学教育带上了国际舞台。面对新的机遇和挑战，北

北京十一学校举行别样开学仪式，师生们进行火炬接力（来源：CFP 资料图片）

京市十一学校通过制定《北京市十一学校行动纲要》，进一步明确了学校的办学理念、发展目标和文化价值观。其对学校战略、培养目标、组织结构、教师、学生、师生关系、课程、教育教学、教育科研等方面的阐述体现了全体十一人对学校发展的深度思考与长远谋划，成为学校办学的纲领性文件。华东师大二附中探索了培养创新人才的"六个百分百"模式，即100%的学生在校期间做100课时志愿者，落实以德育为核心的素质教育；100%的学生参与"小课题研究"，切实培养学生的创新精神；开设100多门课程供学生选择，开拓学生的视野，培养学生的特长；100%的学生参与社团活动，培养学生的实践能力；学生在校做100个实验，切实培养学生的动手能力；100%的学生学会游泳，强健学生的体魄。上海市大同中学始终坚持改革，改革精神体现在改革的"速度"上，它不畏艰险，敢为人先。仅以课改为例，二十几年来，大同中学始终在上海乃至全国占居引领的地位；在上海还没有开始一期课改的时候，大同就开始了课程结构改革；在上海二期课改之前，大同对三类课程的研究已小有成就；等到其他学校刚开始研究二期课改方案时，大同已经建好了完备的课程体系。大同的改革精神更体现在改革的"深度"上，它总能不断总结出具有示范辐射效应的课改经验，比如增加课程选择性，"学分制管理"，建立鼓励和保障"特长生"的评价机制，等等。这些学校通过不同的方式来创建学校特色，促进了学校的特色发展。

相关链接

　　为改变高中教育千校一面的局面，近年来湖南省开始探索多样化发展高中教育。经教育厅严格审批，确定了首批5个特色高中。特色实验高中今后将成为湖南省特色高中办学的试验园，在办学模式、人才培养方式以及课程和课堂教学改革方面，都将拥有较大的办学自主权。

那么，什么是办学特色呢？所谓办学特色，指的是一所学校在发展历程中形成的比较持久稳定的发展方式和被社会公认的、独特的、优良的办学特征。具体来说，它包括学校在长期的办学实践中形成的具有一定个性风貌和风格的培养目标、管理模式、管理风格、教材编写、课程设置、教学方法、教育教学组织运作形式、校园文化等。办学特色不是凭空产生的，而是在对自身历史传统的继承发扬和改革创新基础上形成的，特色的打造不是一个简单的闪光点，而是全方位的文化渗透。学校特色要立足学校，以学生为本。学校特色的创建必须立足于学校的实际，充分发挥学校的优势，挖掘学校的潜能。脱离学校实际是不可能办出特色的。学校特色的创建还必须以学生为本。学校以育人为己任，学生永远是学校的主角，任何忽视学生的学校发展战略都是错误的。学生是学校工作的出发点和归宿点，学校特色的创建归根到底是为了促进学生的全面发展和个性健康发展。一流高中既不在于"大"，也不在于"全"，关键在于有特色，并善于把特色发挥出来。办学特色是普通高中办学水平和质量的重要内容，要创造更加宽松的环境，给予学校在办学模式、育人模式、课程设置等方面更多的自主权，允许并鼓励地方和学校大胆探索，开展特色办学改革实验。要逐步建立多样化的普通高中办学水平评估办法，丰富评估指标体系，突出对学校办学特色的评价，引导学校开展办学水平方面合理而健康的竞争，从单纯追求升学率转向办出学校特色。

○ 普通高中为何要办出特色

高中特色办学是 21 世纪基础教育改革和发展的必然要求

在新世纪，为了在教育领域实践科学发展观，就必须通过内涵发展提升办学质量。而特色办学是促进教育内涵发展、诠释教育真谛的基本表现。高中特色办学在整个教育体系中具有特殊的意义，高中教育不仅是义务教育和高等教育之间的一座桥梁，更是一个人从未成年向成年发展的关键阶段。在这个阶段，学生表现出较强的判断选择能力，开始有意识地为大学学习、就业和今后有意义的生活做准备。但现阶段高中教育的目标其实只注重升学，能升入一流大学者就是优秀人才，能考上大学者就是成功者，考不上大学者则就意味着失败。显然，单一追求升学让许多学生失去更多成才的可能。

高中走特色办学之路具有非常重要的价值和意义。特色化办学所培养的是有价值的、有追求的、幸福的人，是素质教育的呼唤，同时，也是学生和家长的理性诉求。普通高中特色化办学体现的是一种差异发展，有差异才能显示出丰富性，不同特色、风格的学校才可以造就姹紫嫣红的"教育百花园"。为此，国家应从宏观制度层面创设更加宽松的环境，鼓励不同学校去尝试。

普通高中发展单一难以满足学生多样化需求

长期以来，我国普通高中的任务仅仅定位于为高等院校输送合格新生，这在很大程度上导致了高中办学缺乏特色，造成了"千校一面"的弊病，这种现象不断引起人们的关注，近年来成为关注的热点问题。当前，我国素质教育尚未达到理想境界，普通高中人才培养模式单一，人才培养规格标准化，缺乏优秀人才脱颖而出的氛围和机制。从总体来看，普通高中在办学理念、培养模式、校园文化等各个方面都存在同质化、趋同

千校一面导致学生模式化（邸楠／绘）

苏州某中学规定标准发型，如此观念下怎有人才培养的多样和创新（来源：CFP 资料图片）

化的倾向，学校在整体上缺乏办学的活力，难以满足学生多样化的发展要求。

我们知道，学生是有个体差异的，学生的兴趣爱好、理想追求各不相同，需要有不同风格的学校来满足他们发展的需要。尤其在各国对创新型人才需求日趋迫切的今天，必须改变过去那种千万所学校一个样的大一统教育模式。要培养更多具有创新精神和创造能力的优秀人才，就必须认识到发展学生个性在学校教育中的重要位置，并积极采取有效的措施。高中阶段的特色办学对于未来创新型人才的培养非常重要，高中特色办学势在必行。

相关链接

> 高中是学生个性和才能显露与发展的关键阶段，只有特色办学才能适应学生的个性发展，才能为各种人才的成长开辟不同的道路。
>
> 建设一大批有自己特色的学校，培养发展全面、富有个性和创造性的人才，是21世纪中国社会发展对高中教育提出的新要求。

社会对人才需求的多样化呼唤高中特色发展

当今社会是个多元的社会，社会对人才的需求也日趋多元化。由于社会的需求是特色的和多元的，因此，需要教育也是有特色的和多元的。社会对人才的要求已经不仅是掌握了专业知识，而是更看重个人的综合素质。普通高中要为学生将来成为创新人才奠定全面的素质基础，就必须改变"千校一面"的现象，在素质教育中形成特色。这个过程也就是改革、创新，不断适应时代变化的过程。今天的中学生不能满足于埋头苦读，同时，还要通过参与各种活动来充分发展自己的个性，提高自己的综合素质。

社会需要学校办出特色，培养素质全面的人来满足社会丰富的需求；学生需要学校办出特色，学生的兴趣爱好、理想追求各不相同，需要有不同风格的学校来满足他们对"经历"的选择。因此，办出特色是学校服务于社会和个体需求的必由之路。

○ 高中特色办学面临哪些现实问题

片面追求升学率的社会环境

当前，所有家长、所有学生追逐着同一个梦想——考上理想的大学、拿到更高的学历、找到更好的工作。学历已经成为个人获得更好工作和更高社会地位的"敲门砖"。而学生获得学历的过程就是学校教育对学生进行分类筛选和

总有一双无形的手让学校背上沉重的升学率负担（来源：CFP 资料图片）

"加工"的过程。学校的重要任务之一就是把学生进行分流、筛选，学校成了把人分等、分类的主要工具。在某种程度上，不是学校要这样，而是社会要求学校这样。学校想让学生干很多事情，但第一件事还是要让他考试考好，能进大学，能进好的大学。因为学校教育是对学生进行"加工"的过程，那么"加工"就意味着标准化、同一化，学校就好像一个固定、统一的模具。显然，学校不再需要办出特色，也不能办出个性了。

学校办学自主权的缺乏

普通高中同质化现象严重的重要原因之一是教育行政部门对学校管得过多过死，学校缺乏办学自主权。目前，各地教育行政管理部门习惯于用检查、评比、评审来对学校进行评价。

而评比的标准一旦规范化，必定不利于学校发挥自己的特色。一位中学校长曾经这样说过："监督与检查当然是必要的，这是一个规范化过程，但确立规范后就应该超越规范，鼓励个性。当整齐划一的外在监督与检查成为引导学校发展的主要的，甚至是唯一的推动力时，学校内在的思想力、发展动力、创造力自然被扼杀，雷同成为普遍现象就不足为奇了。"管理部门每评审一次就像给校长上一次"紧箍咒"。学校在每项指标上都不敢有半点闪失，否则一着不慎，满盘皆输。校长的办学自主性不能发挥，学校特色建设无从谈起。

办学者缺乏独立思想

对高学历的追逐，日渐成为社会和公众的主流价值观。迫于社会的这种压力，普通高中还是以应试为导向，失去了特色化办学的动力。但是，面对社会的潮流，办学者是该随波逐流，还是坚持理想？可否凭着良知来做理性的选择？教育本来就是一项理想的事业，教育本应走在社会的前面。办学者能否站得更高、看得更远一些？办学者能否追问一下教育的终极目标、关怀一下孩子们终身的发展和幸福？执著于理想的人必定是思想独立的人，如果办学者对教育缺乏独立的思考，势必"从众"和"跟风"。一旦办学者对教育没有独立的思考，他就将作为一个"工具"而存在，他的办学将陷入被动，他自然无法根据学校自身情况提出个性化的办学理念，也难以时不时地迸发出有创意的思想火花，此后一系列问题将随之产生，培养目标趋同，办学模式雷同，改革措施相近，学校当然办不出特色。

高中怎样才能办出特色

扩大学校办学自主权，为教育家办学创造条件

扩大学校办学自主权，赋予学校领导班子实施特色办学的必要权力。为此，应尽快开展相关政策的研究制定工作，阐明

普通高中特色发展的意义、基本方针、主要内容、战略步骤和工作重点，提出普通高中特色发展的基本目标，为特色高中建设提供政策依据。

此外，要培育一大批教育家型校长，倡导教育家办学。特别是创造有利于个性鲜明的校长脱颖而出的环境，并加大力度培养一批具有较好基础的普通高中校长，延长年富力强的校长的任职时间，使该批校长和学校成为特色发展的领头羊和示范者。

积极推进评价制度改革，引导高中办出特色

一方面，各级教育行政部门应当改变示范性高中的评选标准和奖励标准。要加强引导部分学校向专项、特长学校的方向发展。通过特色办学评价，积极鼓励、引导政府、学校和社会形成特色办学观念，正确认识学校对人才培养的作用，树立科学的发展观、政绩观和人才观。

安徽省巢湖市第四中学开设选修课，并纳入校本课程，图为学生正在选修的吉他课上进行练习（来源：CFP 资料图片）

另一方面，加快高考和高校招生制度改革，使"独木桥"变为"立交桥"，从"一把尺子"变为"多把尺子"，大力推进素质教育，促进学生的个性化发展。在这方面，很重要的一点是应尽快建立在国家

学生在南通市崇川区人民法院少年法庭法官的指导下，进行模拟法庭庭审演示，通过庭审案例了解了庭审程序，接受了生动的法制教育（来源：CFP 资料图片）

山东省邹平县码头镇一名返乡大学生带领家乡学生认识棉花生长情况（来源：CFP 资料图片）

指导下由各省组织实施的普通高中学业水平考试和学生综合素质评价制度，作为高等学校招生录取的参考依据。

通过深化高中课程与教学改革来引领普通高中实现特色化办学

　　普通高中教育应该满足不同潜质学生的发展需要，为每一个学生提供适合的教育。深入推进普通高中课程改革，应鼓励开设各种选修课，增加课程的多样性和选择性。新课改实行三级课程管理体系。作为国家课程的重要补充，校本课程开发是学校办学主体及个性的重要体现，也是学校特色办学的重要方面。因此，要加大校本课程的开发力度，使学校利用校本课程开发，带动学校其他工作的全面改革与发展，提炼和提升学校的文化精神和思想理念。

　　同时，要通过教学方式和学习方式的转变带动学校特色办学。高中特色办学的核心是教学改革，要改变教育教学方法，使得学生在有利于其创造精神培养的环境里发展，促使每一个学生找到适合自己发展的道路。为此，高中课堂教学应尊重学生的个性特点和个体差异，提供适合于不同个性发展的多彩平台，通过教学更好地发展每个学生的智慧和潜能。

山东某中学积极推行网络教学（来源：新华社资料图片）

通过学校文化建设促进特色化办学

学校文化指的是学校所具有的特定精神环境和文化气氛，它既包括校园建筑设计、校园景观、绿化美化这种物化形态的内容，也包括学校的传统、校风、学风、人际关系、集体舆论、心理氛围以及学校的各种规章制度和学校成员在共同活动交往中形成的非明文规范的行为准则。学校文化表明了一所学校独

学生在校园的"文化树"前了解我国古代思想家的生平（来源：《中国教育报》资料图片）

特的风格与精神,是联系和协调所有成员的纽带。普通高中要办出特色,可以从学校文化的视角推进学校文化建设,形成自己的文化品牌,构建自己的精神家园。

总之,普通高中特色办学是未来我国高中阶段教育发展的重要趋势,也是推进教育体制改革、激发学校活力的重要举措。通过特色办学,可以改变普通高中"千校一面"的格局,颠覆传统的模具式的教育观念,培养个性鲜明的创新型人才。

★背景阅读

● 《教育规划纲要》工作小组办公室. 教育规划纲要学习辅导百问 [M]. 北京:教育科学出版社,2010.

● 高宝立."中美高中特色办学研讨会"综述 [J]. 教育研究,2009(5).

● 陶西平. 谈高中特色办学 [J]. 中小学管理,2010(5).

● 本刊编辑部. 明确定位 多元办学 彰显特色:普通高中未来发展之路 [J]. 教育发展研究,2009(6).

---

① 朱永新. 我的教育理想 [M]. 南京:南京师范大学出版社,2000:4-8.

4 拿什么"尺子"量学生

——谈学生综合素质评价

2009 年，山东省高考首次有考生因综合素质评价原因而被退档，同时也有刚上投档线的考生因为"综合素质评价高"而被录取。与此同时，其他地区诸如"不是 A 就不能保送高中"、"道德品质与公民素养合格为考生高考填报的必要条件"等强化综合素质评价的政策文件相继公布，这项曾被称为"鸡肋"的评价制度日渐受到学校、学生、家长以及专家学者的关注，而其是否公平、公正的问题也成为讨论的焦点。

综合素质评价是近年来"出镜率"很高的一个新概念，是实施素质教育、特别是新一轮课程改革的一项重要举措。由于它直接影响学生的升学而备受关注，进而引发了许多争论。那么，为什么要进行综合素质评价？它究竟新在哪里？又承载着怎样的使命？我们应该如何用好这把新"尺子"呢？

○ 为什么要实施综合素质评价

我国是考试文化历史悠久的国家，一直以来对于考试的过度关注、过度重视，使得考试已经不再仅仅是一种测量手段，其影响甚至远远超出了评价的范畴，反过来"规定"了教学与学习，也造成了为考而教、为考而学的状况。当我们说到学生评价时，教师、学生和家长谈到的往往是期中考试、期末考试，以至中考、高考。这反映了一种"考试即评价"的观念。

然而，纸笔考试能够测量的大多是学生对学科内容中基本知识的掌握水平，而对于学生的深度理解、相关知识的应用能力或贯穿各个学科的基本能力，如交流合作能力、创新能力、实践能力、批判性思维以及学生身心健康的发展水平等，则很难通过纸笔来测验、测量，但这些往往是衡量学生发展的更为重要的部分，也是素质教育强调的内容。因此，我们急需一种突破传统评价观念和评价方式的新评价。这是实施素质教育的需要，是促进学生发展的诉求，同时也是顺应国际教育改革发展趋势的要求。

在这样的背景下，教育部于 2002 年 12 月出台了《教育部关于积极推进中小学评价与考试制度改革的通知》（以下简称《通知》）。这是首份专门阐述教育评价制度、评价体系的构成，评价与考试改革的目标和内容的政策文件。[1]《通知》首次正式提出了开展对学生综合素质进行评价的指导思想，提出要对学生基础性发展的目标加以评价。

2004 年教育部印发了《国家基础教育课程改革实验区 2004 年初中毕业生考试与普通高中招生制度改革的指导意见》，要求 17 个国家级实验区认真组织新课程实施一轮后的首次中考与普通高中招生工作，改变以升学考试分数简单相加作为普通高中唯一录取标准的做法，力求在初中毕业生学业考试、综合素质评定、高中招生录取三方面予以突破。在该指导意见中，首次明确使用了综合素质评价（评定）的提法。

随着新课程高考的实施，2007 年广东、山东、海南和宁夏 4 个省区，2008 年天津、福建、安徽、辽宁和浙江 5 个省市在制订高考方案时把综合素质评价视为重要的录取依据。2008 年教育部颁布了《教育部关于普通高中新课程省份深化高校招生考试改革的指导意见》《教育部关于做好 2008 年普通高等学校招生工作的通知》，明确提出含高中毕业生综合素质评价信息

综合素质评价与高考挂钩（来源：CFP 资料图片）

等的考生电子档案是高等学校录取新生的主要依据。由此，综合素质评价与高考挂钩，其评价结果与学业考试成绩一起成为高等学校录取新生的主要依据。

可以说，综合素质评价随新一轮课程改革而生，随与中考、高考挂钩而不断巩固其重要地位，进而成为新课程评价改革中的核心内容。

○ 综合素质评价"新"在哪里

《通知》指出，要建立以促进学生发展为目标的评价体系，其评价目标体系主要包括基础性发展目标和学科学习目标两个方面。基础性发展目标包括道德品质、公民素养、学习能力、交流与合作能力、运动与健康、审美与表现六个方面。学科学习目标是各学科课程标准中列出的本学科学习的目标和各个学段学生应达到的目标。这些表述决定了新课程评价体系是基于目标进行评价的评价体系。在基于目标进行评价（即目标评价）的体系中，评价目标是评价实施的依据，它决定了评价内容和评价方法，是直接影响评价体系的根本问题。

因此，《通知》对于学生评价目标体系的阐述，既明确了评价改革方向，也决定了学生评价体系的总体框架。就是说，学生评价体系由基于基础性发展目标的评价和基于学科学习目标

的评价两部分组成（参见下图），这两部分的具体内容体现了新的评价体系对于以往学生评价的创新。

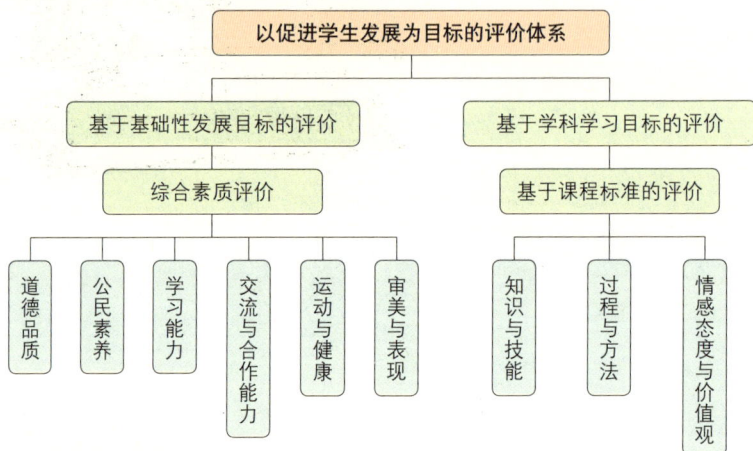

新课程学生评价体系图

基于基础性发展目标的评价就是综合素质评价，是对学生多方面综合素质的评价，是评价改革的创新和亮点。培养全面发展的人才一直是我国的教育方针，但是，专门设置集中体现学生全面发展的"基础性发展目标"，使其区别于学科学习目标而自成体系是前所未有的，这是本次改革的一个突出变化。综合素质评价在评价内容、评价主体、评价方法和重点上进行了大胆的尝试。

（1）在评价内容上，不拘泥于学科，关照学生成长以及适应未来社会发展所需的基本能力和素质。

（2）在评价主体上，不拘泥于教师对学生的评价，提倡学生自评、学生间互评、家长甚至是其他相关人员的评价。

（3）在评价方法上，采用为学生建立成长记录、收集学生优秀作品、提供学生表现和展示平台的表现性评价法、观察法等质性评价方法。

(4）在评价的重点上，更关注学生成长的过程、学生的发展变化，有利于反映学生自身的个性特点与进步变化。

以上综合素质评价的特点集中体现了新课程评价改革的理念，即"促进发展"。新课程的评价体系是一个发展性

沈阳市和睦路小学以"文具小超市"购物的方式进行期末考试，旨在对孩子们综合素质进行培养，促进全面发展（来源：CFP 资料图片）

的评价体系，它淡化了对学生的甄别性、选拔性评价倾向，倡导激励与促进学生发展。

○ 综合素质评价承载着怎样的使命

综合素质评价对学生的全面发展起到了导向作用和推动作用。它试图改变学生各学科学习能力封闭式发展、多方面素质得不到全面发展的现状，强化学校促进学生全面发展的教育功能，体现了新课程的价值取向。同时，综合素质评价在升学考试中的运用，可能改变教育的"应试"倾向。因此，综合素质评价作为一种全面衡量学生发展状况的新评价方式，是评价与考试制度改革的一大创新，也是最能体现素质教育本质，体现基础教育课程改革目标的新举措。综合素质评价对全面实施素质教育、深入推进基础教育课程改革、改进学校教育教学质量、促进学生全面成长与发展具有重要意义。具体说来，综合素质评价在两个方面被赋予了重要使命。

第一，在日常的学生评价中，通过新的评价方式突破传统考试评价的局限性，关注学生多方面素质的全面协调发展，重视学生的成长过程。主要功能定位在鼓励学生自我评价、自我

呵呵，原来我们都是有优点的！

多角度评价学生，发现学生的优点、个性、潜能
（来源：CFP 资料图片）

比较，发现优点、个性、潜能。发展性功能是它的突出特点，促进学生发展是它的根本使命。

第二，在升学考试评价中，综合素质评价通过与升学考试挂钩，打破了考试成绩一统天下的局面，是考试评价制度改革的重要举措。此时，它集中体现学生多方面素质发展所到达的某个水平与状态，所发挥的是证明性功能。与此同时，赋予了下一级学校自我展示、说明的权力，提升了上一级学校根据自己的理念选择录取学生的权力，调动了双方的积极性。

综合素质评价是被赋予了极大的期待而出现的，是推动评价改革、推进素质教育的重要措施。如今，综合素质评价已经在中小学广泛实施，并且与中考、高考挂钩，成为上一级学校录取学生的重要依据。但同时，对于综合素质评价"鸡肋"的挪揄、"公平性"的争议，表明其实施效果似乎未能尽如人意，改革的理想与现实仍存有差距。

○ 为何综合素质评价让人欢喜让人忧

喜：从"锦上添花"到"立竿见影"

综合素质评价的突出特点使它成为新课程评价改革的一大亮点。然而，综合素质评价实施之初，诸多条件并不完全成熟，尚缺乏完善的评价方案、评价者的评价理念与技术的培训以及面向家长社会的宣传。由于综合素质评价多运用质性评价方法，还存在着花费时间长，主观性强，缺乏明确的、可操作性强的评价标准等问题，导致付出较大精力和时间，依据综合素质评价的理念，切实实施综合素质评价的较少，只在学期末集中填写学生综合素质评价单（手册）的居多。在有些地方，综合素质评价对于评价学生仅起到了"锦上添花"的作用。

这种状况随着综合素质评价与升学考试的挂钩发生了变化。变化首先表现在中学阶段，各地制定的考试评价方案都十分重视综合素质评价结果的使用，不少地方明确规定综合素质评价结果是衡量学生是否达到毕业标准的主要依据之一，并开始将其与升学挂钩。如 2005 年湖北武昌"新中考"中，有数十名考生由于综合素质评价等级不合要求，未能被报考学校录取，有的被降级录取。浙江省余杭区则将综合素质评价定为中考招生的一个门槛或者前置条件，限定学生可报考某类学校的综合素质评价等级。山东省潍坊市 2007 年规定，提高综合素质评价结果在高中招生录取中的比重，与语数外三科等值对待。沈阳市 2008 年正式启动初中毕业生综合素质评价，规定如综合素质评价总成绩不合格将没有资格报考高中阶段的学校。[7]

随着实行高中新课改的省份先后进入高考，综合素质评价与高考挂钩的问题进一步引起了社会多方的关注，特别是 2009 年山东高考首次有考生因综合素质评价原因而被退档，同时也有刚上投档线的考生因为"综合素质评价高"被录取事件被多家媒体报道，将综合素质评价推上了舆论的风口浪尖。

至此，综合素质评价早已不是"锦上添花"之

考生必须综合素质评价达到要求才能进入大学之门（来源：CFP 资料图片）

物，在很多地区，它是直接关乎学生能否毕业、能否升入上一级学校的"立竿见影"之策略，在有些地区，它甚至成为了可以影响学生命运的另一只"指挥棒"。

忧："立竿见影"效应下，如何解决公平、公正问题

综合素质评价与毕业和升学挂钩出现了"立竿见影"的功效，有利于提高学校、学生对综合素质评价的重视。但另一方面，当综合素质评价被用于大规模、高利害的中考、高考等选拔性评价时，对其信度要求提高，还需要具有可比性，这些恰恰是综合素质评价本身较为薄弱的环节。各地、各校在开展综合素质评价时，虽然具有本质上基本相同的评价维度与目标，但由于没有明确统一的评价标准，如怎样确定等级，自评、互评的标准是什么，它们的关系如何等，导致各学校、不同老师的评价主观性较强。特别是在综合素质评价与招生考试挂钩后，为了升学率，出现了不同程度的弄虚作假现象，降低了评价的信度。同时，不同学校、教师的不同评价标准造成了评价结果的不公平，导致学校间的综合素质评价结果的可比性差。有调研显示，近70%的初中校长认为要促进综合素质评价工作的公正、公平，要制订健全的综合素质评价方案。③

在综合素质评价"立竿见影"地影响高利害考试评价时，"公平性"则成为关注的焦点，这种公平性不仅仅是综合素质评价本身的信度、操作的规范性问题，还应该包括综合素质评价与考试挂钩的公平性问题。综合素质评价的结果成为录取的参考依据，但如何参考并不透明，可以说，最终的解释权在招生的高等学校。如果侧重的是城市文化取向的评价标准，那么对于农村的学生就是不利的。而且，随着高校招生制度改革的推进，高校自主招生权限的加大，如何在招生改革的过程中兼顾农村学生的公平，已经成为一个不容忽视的问题。

知识拓展

考试评价的公平性

公平性是指要考虑考试和评定过程中可能出现的性别、国别、种族、民族、阶层等多种多样的不同文化偏向，尽可能地为考试者创造公平的相关评价条件。如在统一试题中以地铁换乘为运算背景的数学题目对于没有地铁地区的学生就是不公平的。同样，在考察综合素质评价结果时，把学生创作的"演示文稿、flash 动画、网页、DV 短片"等作为优先考虑的评价标准对于电脑、网络未普及的农村等不发达地区的学生就是有失公平的。

相关链接

综合素质评价需要确保真实与公平

2009 年 9 月 2 日中央电视台"新闻1+1"栏目播放了一期"综合素质评价，别只是看上去很美"的节目。针对山东临沂师范学院参考学生的综合素质评价结果，将 12 名高考分数高的学生淘汰一事展开了讨论。节目披露出有些学校的综合素质评价不规范，如"有的学生某些评价项目六学期全 A，有的六学期全 B，有些学生报告里拼凑虚假的痕迹明显存在"。节目还探讨了综合素质评价成为高考录取依据的做法恰当与否，如"硬挂钩"，必须保障综合素质评价的客观性和真实性问题，同时关注综合素质评价的公平性问题。根据中国农业大学统计数据，1999 年到 2001 年的 3 年间，农大的农村新生比例在 39% 左右，但是从 2002 年开始，农村新生的比例就连年下降，到 2007 年仅为 31.2%。农村学生的比例呈明显下降趋势。如加大综合素质评价在高考结果中的权重，有必要通过规定农村生源在学校中的比例、采用农村与城市不同招生评价标准等方法，避免对农村学生造成不公平的状况。

如何用好综合素质评价这把"尺子"

综合素质评价作为新课程评价改革的一大亮点，对促进学生发展和改变一考定终身的状况有重要的现实意义。但是，综合素质评价并不是包治教育旧疾的特效药，需正视利弊、扬长避短，才能最大限度地发挥其作用，避免夸大和误用。

从地方和学校层面建立和完善科学、明确的综合素质标准

由于综合素质评价更多依靠的是主观性评价，因此，为使评价结果尽可能客观、有效，在一定范围内明确并细化统一的

评价标准显得尤为重要。首先，在明确目标的基础上，规定各等级评定所要依据的具体标准，细化评价内容和程度表现，降低评价者缺少明确根据的主观评价的可能性，提高评价的信度。其次，由于评价主体还包括学生和家长，因此，评价标准应用简单、明了、易于理解的表达方式呈现。如果能再附上相应等级的例子，则会大大提高评价信度。有条件的话，应该让学生和家长参与评价标准的制定，这不仅体现评价的民主性，也便于学生明确努力的方向，家长明确评价的目的、标准，从而使学生和家长真正地参与到评价中，避免流于形式的随意评价。另外，为保证综合素质评价的可比性，应在尽可能的范围内联合众多学校共同开发、建立评价标准，确保评价的信度和效度，以利于上一级学校招生时参考。

相关链接

不当的量化

综合素质评价中的很多指标都存在难以量化的问题。如"道德品质和公民素养"下设"热爱祖国"、"关心国家大事"、"有建设家乡的愿望"、"具有奉献精神"等，建议对于这些指标的评价多采用记述事实、评语描述等方式。如为评比方便而简单量化会导致学生和家长的质疑，甚至会对学生有错误的引导。例如"热爱祖国"的具体表现之一可以是"认真参加升旗活动"，这是一个导向性的指标，不宜简单地量化为缺席几次以上就是不热爱祖国。还有的学校将"拾金不昧"这一指标量化为"拾到 5 元者加 1 分，拾到 10 元者加 2 分"，等等，这些显然是不恰当的。并非量化的评价就是客观的评价，不当的量化会大大降低评价的效度。

从教师层面，在各类质性评价方法的运用中建立各种评价标准

综合素质评价所依据的基础性发展目标决定了评价方法会较多采用档案袋评价法、表现型评价法、观察法等质性评价方法。预先设计好精确、具体的评价标准（评分规则）是有效使用多种质性评价方法的关键。预先设定好的评价标准不仅可以使教师自己更加明确教育教学的具体目标，而且通过该标准的事先公布使学生明确努力的方向，减少学生自评和互评的随意性，淡化学生间的恶性竞争，促使学生更多关注目标的实现。因此，一方面建议教师与专家、教师之间研究开发各种评价标准，另一方面建议教师与学生沟通、协商，建立和完善各种评价标准。

在发展功能和证明功能中寻求平衡

综合素质评价具备促进学生发展和在毕业升学时展示自己的功能。值得注意的是，这两方面的功能由于实施评价的目的不同，有时可能产生矛盾，当强调一方面的功能时，可能会丧失另一方面的功能。

综合素质评价的发展功能是以促进学生多方面素质的发展为目的，淡化学生之间的比较，强调学生是否达到了发展的基本目标；更强调学生与自身比较，即自己较以前是否有了进步；鼓励学生多样化、个性化的发展。日常评价中的综合素质评价更关注学生发展的过程，强调留下学生发展的轨迹。

综合素质评价的证明功能是以甄别和选拔为目的的。尤其

山东邹平县某幼儿园注重综合素质发展，建立生态教育劳动实践基地，辟有果树园、蔬菜园、养殖园等，从小培养孩子爱动手、勤动脑、会思考的好习惯（来源：CFP 资料图片）

是，当综合素质评价应用于高利害的选拔性考试时，需要强调客观性、真实性、公正性和可比性，需要有相对统一的评价标准和规范的评价操作以及可比性强、区分度高的评价结果。在这种评价需求下，评价相关者会倾向于关注学生之间的比较，学生之间是竞争关系，因此就可能出现为了在竞争中获胜而弄虚作假。

因此，当综合素质评价与升学考试挂钩时，它的证明功能、甄别功能由于被过度关注而抑制发展功能。这却恰恰违背了综合素质评价的初衷。减轻学生应试负担，全面发展学生多方面素质，改变一考定终身的高考制度现状才是实施综合素质评价的目的所在。因此，合理兼顾综合素质评价的发展功能和证明功能，不搞形式主义、不顾此失彼才能真正为深化新课程评价改革、推进素质教育"雪中送炭"。

回归综合素质评价的初衷

（1）通过综合素质评价促进学校教育教学方式的变革。作为基础性发展目标的道德品质、公民素养、学习能力、交流与

西安市雁塔区建立中小学影视教育基地，将看电影作为学生的一项"必修课"（来源：CFP 资料图片）

合作、运动与健康、审美与表现等是综合素质评价的内容，然而这些目标与学科学习目标是怎样的关系，在具体的教学中如何体现都是不明确的，这就可能导致将 "道德品质、公民素养" 与 "思想品德"、"交流与合作" 与 "综合实践"、"运动与健康、审美与表现" 与 "艺术" 和学科简单对接，综合素质评价成了各学科成绩的累加，综合素质评价形同虚设；另一种情况是不进行对接，也不规定教育教学，直接对学生进行相应项目的评价。这将导致评价的结果直接问责学生，无法问责教师或教学，也就丧失了评价促进教学改进的机会。这种做法混淆了 "评价" 与 "鉴定"，违背了 "评价" 的教育性功能。因此，借助综合素质评价的指标体系，合理规划学科教学和学校的各项活动，使评价的指标能够在不同的教育教学领域中切实得以落实，才能真正促进学生的成长与发展。

（2）改变综合素质评价现有证明功能的甄别与选拔取向，淡化综合素质评价的量化倾向，逐步取消等级评价，突出学生成长轨迹。减少并逐步取消没有明确内容意义的 "A、B、C、D"，增加多方面凸显学生特点的评语、最佳作品、最突出的事迹、获奖情况、社会活动、个人特长等。最终实现通过综合素质评价结果展现一个鲜活的、区别于他人的学生形象。这样的资料积累不仅不会与日常的综合素质评价相矛盾，而且能够促进教师和学生注重平日积累、发展多方面的能力与素质。与此同时，通过健全公正、诚信、监督、申诉制度，保障综合素质评价结果的真实、客观。当然，这种做法在增加了综合素质评价本身的效度的同时，可能增加招生者评定与选拔的负担，这就需要提高招生者的评价素养，同时，有必要逐步公开参考、选拔的标准，提高高考录取的透明度。

尽管综合素质评价仍然存在一些有待研究和解决的问题，但我们可以看到，综合素质评价正在质疑与争论中不断改进、完善。我们期待着综合素质评价的实施能够真正减轻学生过重的学习负担，促进学生全面而富有个性的发展。

★背景阅读

● 教育部. 教育部关于积极推进中小学评价与考试制度改革的通知，2002.

● 教育部. 教育部关于《国家基础教育课程改革实验区 2004 年初中毕业生考试与普通高中招生制度改革的指导意见》的通知，2004.

● 教育部. 教育部关于普通高中新课程省份深化高校招生考试改革的指导意见，2008.

---

① 之前虽有《普及九年义务教育评估验收办法（试行）》（国家教委，1993）、《普及义务教育评估验收暂行办法》（国家教委，1994）和《普通中小学校督导评估工作指导纲要》及其修订稿（国家教委，1997），但正如文件名所反映的，其内容都为对学校教育的评估和验收。

② 王文郁. 初中生综合素质评价不合格不能报考高中 [N]. 中国消费者报，2008-03-07.

③ 董奇，等. 中考招生制度改革的进展、问题及建议 [M]// 素质教育调研组. 共同的关注——素质教育系统调研（续）. 北京：教育科学出版社，2006：95.

5 如何让教师发展驶入"快车道"
——谈中小学教师国家级培训计划

2011年1月，教育部印发了《关于大力加强中小学教师培训工作的意见》，从培训模式、培训制度、培训体系、培训保障等方面指明了未来教师培训的发展方向，开启了全国1000万教师五年一轮的分类、分层、分岗培训的新纪元。

2011年3月31日—4月1日，教育部、财政部召开"国培计划"总结交流工作会议，会议总结交流了"国培计划"实施经验，为下一步做好"国培计划"，推动新一轮中小学教师全员培训奠定了坚实的基础。

2010年7月13—14日，中共中央、国务院召开了新世纪以来的第一次全国教育工作会议，颁布了《国家中长期教育改革和发展规划纲要（2010—2020年）》（以下简称《教育规划纲要》）。《教育规划纲要》提出，"努力造就一支师德高尚、业务精湛、结构合理、充满活力的高素质专业化教师队伍"、"完善培养培训体系，做好培养培训规划，优化队伍结构，提高教师专业水平和教学能力"、"完善教师培训制度，将教师培训经费列入政府预算，对教师实行每五年一个周期的全员培训"。为了实现这一宏伟目标，2010年中央财政安排专项资金5.5亿元支持实施"中小学教师国家级培训计划"（以下简称"国培计划"）。

规模之大，层次之高，投入之多，效果之好，影响之深均为历史之最的"国培计划"，是落实全国教育工作会议和《教育规划纲要》的第一个教育发展重大项目，彰显了党和政府加强教师队伍建设的信心和决心。

○ 何为"国培计划"两大项目

2010 年"国培计划"包括投入 5000 万元的"中小学教师示范性培训项目"（以下简称"示范性项目"）和投入 5 亿元的"中西部农村骨干教师培训项目"（以下简称"中西部项目"）两大项目。

"示范性项目"主要通过集中培训和远程培训的方式对各地选拔的中小学骨干教师、班主任教师和中小学紧缺薄弱学科教师进行培训。该项目旨在为全国中小学教师培训培养骨干，开发和提供一批优质培训课程教学资源，进而示范引领全国中小学教师培训，为"中西部项目"和中小学教师专业发展提供有力支持。

（来源：教育部师范教育司"国培计划"展览，2011-05-17）

"中西部项目"主要通过置换脱产研修、短期集中培训和远程培训等方式对中西部 23 个省、直辖市和自治区农村义务教育骨干教师进行培训。该项目是在教育部、财政部统筹规划和指导下，在中央财政支持下，按照"国培计划"总体要求，由中西部省份从本地实际出发，具体组织和实施。项目的宗旨是通过对中西部农村义务教育教师进行有针对性的培训，引导地方完善教师培训体系，加大农村教师培训力度，提高农村教师的教学能力和专业水平，促进义务教育均衡发展。

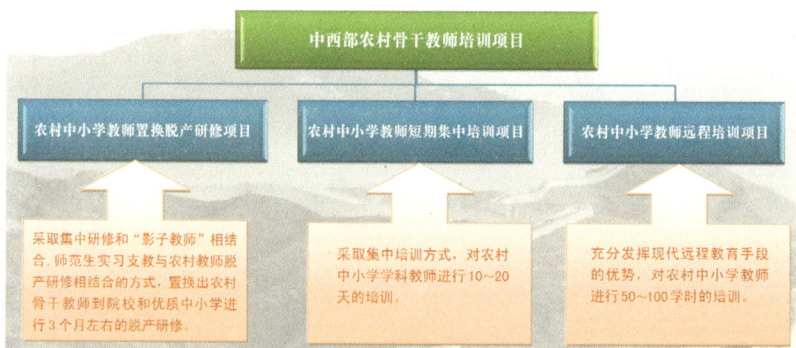

（来源：教育部师范教育司"国培计划"展览，2011-05-17）

○ "国培计划"如何组织实施

科学的顶层设计、严格的竞争择优、充分的资源整合、多元的培训模式、有效的监管评估环环相扣的 5 大组织实施环节，确保了"国培计划"的顺利开展和有效实施。

科学的顶层设计

为体现"国培计划"的"国"字水准，教育部组织有关专家通过实地调研、专题研讨和论证等方式深入了解各地教师培训的需求和状况，不断修改完善项目方案，做好"国培计划"组织实施的顶层设计。教育部先后组织专家到 6 省区调研，召开了 7 次专家研讨和论证会议，先后印发 47 份文件。

在教育部的统一部署下，各地在广泛深入调研的基础上，从当地实际出发，根据自身中小学教师队伍建设实际和参训教师的需求，认真开展项目规划，科学研制培训实施方案。

严格的择优竞争

"国培计划"按照"公平、公正、公开"的原则，通过招标或者邀标机制，严格项目申报和审批程序，面向全国，遴选符合条件的高校和具有资质的教师培训机构承担培训任务。

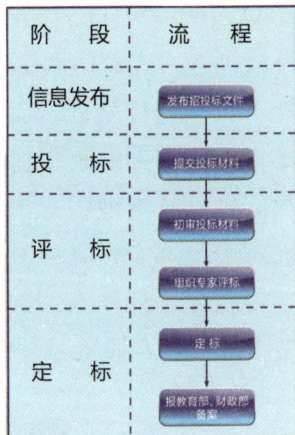

阶 段	流 程
信息发布	发布招投标文件
投 标	提交投标材料
评 标	初审投标材料
	审查专家评标
定 标	定标
	据教育部、财政部备案

"国培"项目招标流程图（来源：教育部师范教育司"国培计划"展览，2011-05-17）

"示范性项目"招投标由教育部具体组织实施。公告一经发布，在极短的时间内便有 68 所院校和机构积极投标，经过初审和答辩评审会，38 所院校和机构从申报的单位中脱颖而出。

"中西部项目"招投标在教育部、财政部指导下由各项目省具体组织实施。各省充分规范招标、邀标程序，遴选培训院校和机构，制订实施方案。经过两部委组织的专家评审和答辩，158 所院校和机构获得"国培计划"组织实施单位资格。

充分的资源整合

"国培计划"充分挖掘全国的优质资源，建立起了"两库"、"一制"和"一团队"。一是建立了"国培计划"专家库。通过组建评审专家组，对各地报送专家人选进行了严格初审和复审，评选出首批专家库人选 500 人，并接受全社会的广泛监督。二是教育部面向全国公开遴选推荐优质培训资源，建设了"国培计划"培训课程资源库，共确定 662 件首批推荐课程资源。三是建立"国培计划"项目首席专家制。四是组建了由熟悉中小学教育教学实践的高水平专家和一线优秀教师组成的高水平培训专家团队。

多元的培训模式

置换脱产研修模式是"国培计划"的一项重大模式创新。该模式将农村教师脱产研修与师范生实习支教相结合，将院校集中研修与优质中小学"影子教师"。[①]实践相结合，是一举多得的创新举措。高水平师范院校与优质中小学联合，通过集中研修和"影子教师"相结合的方式，支教教师、师范生到农村中小学支教、顶岗实习，置换出农村骨干教师到培训院校和优质中小学进行为期 3 至 6 个月的脱产研修。

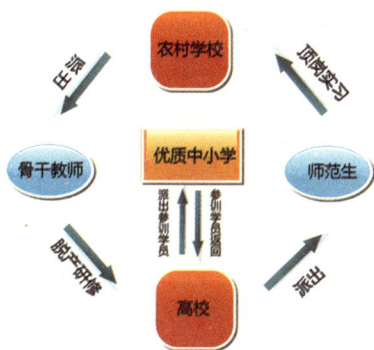

置换脱产研修模式（来源：教育部师范教育司"国培计划"展览，2011-05-17）

远程培训模式将教师线上学习、线下集中研讨和在职学习相结合，充分发挥远程培训资源的辐射作用，让更多一线教师受益。远程培训"覆盖面广、效益高、交互性强、形式灵活多样，能够在很大程度上缓解传统教师培训中的工学矛盾、经费问题、师资问题、优质课程资源缺乏等不足"。更重要的是，"远程培训能够有效整合和共享优质培训资源，激励教师学习提高，这对于大规模、高效益开展教师培训，尤其是全员培训具有重要意义。"[②]

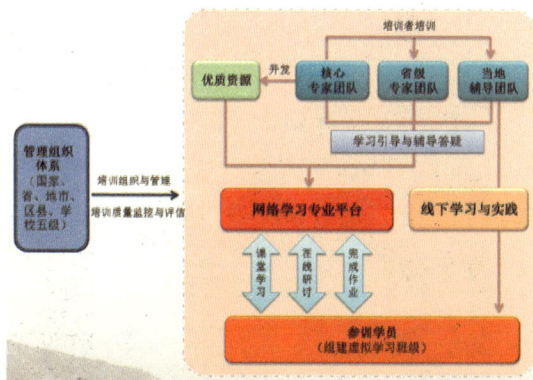

远程培训模式图（来源：教育部师范教育司"国培计划"展览，2011-05-17）

　　短期集中培训模式突出需求调研、互动参与、问题解决、案例分析、观摩研讨等方式，通过建立网络学习平台、专家下校指导等多种形式进行后续跟踪支持。各项目承担机构均开展了有效的训前调研，充分掌握了受训教师的特点和培训需求，通过参与式培训、观摩课和微型课等具体方式开展培训，组建了网络跟踪平台和专家跟踪指导机制。

有效的监管评估

　　"国培计划"建立了科学完备的绩效考核和监督评估体制机制。项目办公室下设中小学骨干教师培训项目执行办公室（北京师范大学）、中小学教师远程培训项目执行办公室（中央电化教育馆）和中小学班主任教师培训项目执行办公室（北京教育学院）3个子项目执行办公室（以下简称"项目执行办"）。通过加强信息化建设，利用网络平台进行项目管理；制定项目绩效考评意见，指导各地做好项目监管评估；采取网络匿名评估

参与式培训活动（来源：教育部师范教育司"国培计划"展览，2011-05-17）

方式实施培训质量评估。同时，各省级教育、财政部门切实加强项目统筹协调和组织管理，项目承担院校主管领导亲自负责，调配最好的资源为"国培计划"服务。

相关链接

部分承担机构的经验做法③

上海师范大学：将研修课程设为三个互补的"主题学习工作坊"、"共同备课工作坊"和"课例研究工作坊"，并由"主题学习"引领，"共同备课"和"课例研究"为双翼，相辅相成，交相辉映。

华中师范大学：采取"讲授重点，引导探究；问题探讨，交流分享；现场观摩，案例分析；后期交流，跟踪指导"方式，培训遵循针对性、科学性、人本化三个基本原则。

浙江师范大学：实行"角色互换"培训法，培训专家、参训教师、师范生互换角色，互动参与，培训效果明显。

陕西师范大学：创新培训内容，突出需求、问题和能力"三个导向"；创新培训模式，搭建学员互助、师生对话和教学研究"三个平台"；创新培训管理，完善服务、培训团队和活动载体"三个保障"。

北京大学：开设"工作坊"教学环节，将专业学习、专业引领教学、专业知识及素养提升渗透在实践活动过程中，形成一体化研修课程。

四川师范大学：特设国培"四专"——"国培专用教师"、"国培专用餐厅"、"国培专用电子阅览室"、"国培专用车辆"来服务学员的研修和学习，受到学员们好评。

○ "国培计划"助力教师发展的意义何在

"国培计划"惠及面广，2010 年全国有 115 万多名教师享受了这一盛宴

2010 年"国培计划"惠及面之广、满意率之高、社会关注之广泛和影响之深远前所未有。2010 年，全国共有中小学教师 115 万人享受了这一盛宴，其中"示范性项目"集中培训优秀骨干教师 9000 人，远程培训 32.5 万人；"中西部项目"培训 81.6 万人，其中，置换脱产研修 1.8 万人，短期集中培训 9.4 万人，远程培训 70.4 万人。

"国培计划"示范性项目④

序号	项目名称	培训方式	培训时间	人数
1	中小学骨干教师研修项目	集中研修	15 天	4554
2	幼儿园骨干教师培训项目	集中培训	10 天	587
3	农村义务教育学校教师远程培训项目	卫星电视、网络远程培训	40 学时	23.1 万
4	普通高中课改实验省教师远程培训项目	网络远程培训	50 学时	9.4 万
5	中小学骨干班主任教师培训项目	集中培训	10 天	942
6	中小学体育艺术骨干教师培训项目	集中培训	15 天	1400
7	援助青海玉树地震灾区中小学教师培训项目	集中培训	10 天	200
8	培训团队研修项目	集中研修	10 天	1324
合计				33.4 万

"国培计划"中西部项目⑤

序号	项目名称	培训方式	培训时间	人数
1	农村中小学教师置换脱产研修项目	集中研修、影子教师	3 个月	1.8 万
2	农村中小学教师短期集中培训项目	集中培训	10～20 天	9.4 万
3	农村中小学教师远程培训项目	网络远程培训	50～100 学时	70.4 万
合计				81.6 万

通过随机抽取"国培计划"学员参与网络匿名评估，统计结果表明，示范性项目总体满意率为85%，中西部项目总体满意率为80%。无论从量化的匿名调查，还是从学员的个人感言，都高度肯定和认可"国培计划"的组织实施和培训效果。

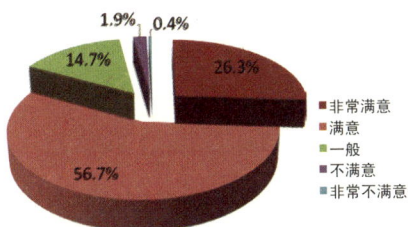

中小学骨干教师研修项目满意率（来源：教育部师范教育司"国培计划"展览，2011-05-17）

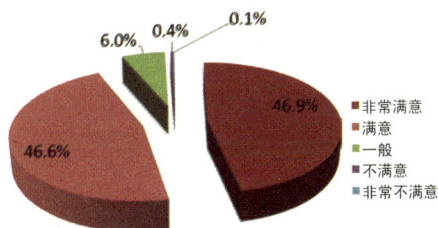

培训团队研修项目满意率（来源：教育部师范教育司"国培计划"展览，2011-05-17）

相关链接

学员感言印证"国培计划"满意率⑥

　　整整十天，大量信息的融入，多元教育思潮的交汇，各类幼儿园的实地考察，冲击了我的思想，烙下了我的思考，获益匪浅！十天的学习已成为我反思自身教育行为和管理理念的依据，也是引领我和我的老师们走出井底，走向未来，热情拥抱幼教的春天！

　　——浙江湖州市第一幼儿园　许芳芳（幼儿园骨干教师培训项目学员）

　　每天，只要我没有课就会早早打开电脑，开始享受精神大餐——"国培"。观看教授的讲座视频，领会其中观点，感受精华……就这么忙碌着，眼睛花了，肩膀痛了，可是我的心是充实的，甜蜜的。远程培训，点燃了理想的火把，催我前行，给我的教育教学生活带来了蓬勃生机。

　　——贵州毕节织金县第七中学　张顺全（远程培训项目学员）

　　如甘霖一样的"国培"，解开了我们心中的困惑，滋润了我们的心田，让我们深谙教育的真谛，感受教书育人的快乐；如雪中送炭一样的"国培"，给了我们观念上的洗礼，理论上的提高，知识上的积淀，教学技艺上的增长，让我们在教师专业化成长的道路上幸福徜徉。

　　——新疆哈密伊吾县毛湖镇中学　景艳华（农村中小学教师短期集中培训项目学员）

　　作为"种子"教师，我把这次"国培"的方方面面，点点滴滴都带了回去。回校后的这段日子里，我时刻牢记自己的职责，热心和同伴交流合作，把"国培"成果与同伴分享，并处处以身示范，主动承担教学任务，努力应用"国培"所学锻炼和提高自己，带动我们的团队共同进步，共同提高。

　　——四川广元市苍溪县茶店小学　钱刚（农村中小学教师置换脱产研修项目学员）

　　"国培计划"吸引了社会各界特别是《人民日报》《中国教育报》和中央电视台、北京电视台等各大新闻媒体的高度关注和一致肯定。中国教育学会会长、北京师范大学资深教授顾明远说："此次培训结合了新课改和教师的教学实际，不是空谈理论，既有观念的更新，又有方法的改善。我觉得这样一个培训，应该继续搞下去，使我们一千多万老师都能够受益。"国务院参事、中国人民大学附属中学校长刘彭芝认为："国培计划"是一个突破，一项改革，一项创新，从它的广度来讲，遍布了中国的农村、城市、贫困地区、薄弱学校和优秀学校。

"国培计划"对教师培训、教师队伍建设和教师教育改革产生了示范引领、"雪中送炭"和促进改革的三大影响。

示范引领，"国培计划"使更多教师和更多地区获益

无论是"示范性项目"还是"中西部项目"，大部分学员都是各地经过严格选拔的优秀骨干教师，他们将在岗位上发挥专业引领和示范作用，使"国培计划"影响更多的一线教师，将"国培计划"光芒释放到学校和更广的地区。

相关链接

种子教师付静的故事⑦

黑龙江省哈尔滨市风华小学一年级（5）班班主任付静从 1992 年起就担任班主任工作，班主任经历非常丰富，还曾经荣获黑龙江省首届班主任基本功大赛特等奖，多次为省市教师讲示范课和开专题讲座。可就是这么一个老资格的班主任，经过"国培计划"后，还是大有收获。"以前，我总认为班主任工作只要用心抓好班级常规管理，有效解决学生的各种问题就行了，可是经过培训，我才认识到自己工作的着力点还是有很大的偏差。"付静说。为了管好班级，让一个班的孩子快乐成长，很多优秀班主任都作出了牺牲，甚至放弃了对自己孩子的精心培养，可就是这样，还忙得团团转。"其实，做一个优秀的班主任，与做一个合格的母亲，以及做一个幸福的人三者之间并不矛盾。"付静感慨地说。

付静参加培训的研修主题是"以文化人，以智启慧"的班级文化建设，专家们结合实例深入浅出的讲解，让付静一下子就从长期的困惑中解脱出来。付静说："只要我们确立好班级文化的核心，以此为点，对班级的管理就能达到游刃有余的境界。不仅班级管理更轻松，而且效果更好。"

从北京教育学院回来后，付静为学校全体教师作了学习汇报。听了汇报后，校长很受触动，当即决定制定班级文化建设的设想和方案，并力争在本学期先做到"班班有环境、环境有文化"。身边的教师也开始认识到班级文化建设的重要性，纷纷开始实践。目前，学校以"花文化"为主题的班级文化建设已经初步建成。

像付静这样，接受这次"国培计划"中小学骨干班主任教师培训的"种子"教师们，回到当地后纷纷起到了示范引领和凝聚作用，他们像火把一样点燃了各地班主任教师参与培训和自我学习提高的热情，为各地后期组织开展各类班主任教师培训奠定了坚实的基础。

在"国培计划"实施过程中，一大批国家级优质教师培训资源逐步建立起来，各地通过光盘刻录、网络资源下载等多种方式进一步扩大优质资源的覆盖面，促使国家级培训效益和受益面最大化。"国培计划"科学化的组织、实施和管理，必将影响地方组织和开展教师培训，将大大提高教师培训的针对性和实效性。"国培计划"探索和创新了有效的教师培训模式和方法，特别是充分利用远程培训和集中培训相结合，探索了教师教育与基础教育双赢的置换脱产研修模式，各地将不断创新培训模式，提高培训工作的效益。

相关链接

"国培计划"的示范引领[①]

在国培计划远程培训中，有几个确保质量的关键环节，首先是项目的整体设计，针对学科问题，以问题为导向，进行案例教学，引导教师不断反思自己的教学实践，学习别人的经验，然后提升自己的专业素养。同时，在优势资源的引领下，我们的专家，特别是一些参加课标研制的国家级专家积极参与远程培训的教学支持。

——中央电化教育馆馆长　王珠珠

"国培计划"促进了教师培训内容与形式的改革创新，确立了教师研修制度与文化的示范引领，播撒了教师专业发展与中小学优质均衡发展良好互动的及时雨。

——北京教育学院院长　李方

我市将"国培计划"纳入全市教师队伍建设"强师兴表"行动计划中，确立了"国培作示范、市培抓重点、区县保全员、学校重教研"的指导思想，构建了"上下联动、城乡互动、整体推动"的"国培"运行机制。

——重庆市教育委员会副主任　钟燕

我区将"国培计划"项目竞标机制、过程管理方式和首席专家负责制等植入新疆双语特岗、学前双语等教师培训工作之中，提升了培训工作质量。同时，在"国培计划"的引领下，我区进一步加大对培训的经费投入力度，2010年财政性中小学教师培训经费比上年增加了1000多万元。

——新疆维吾尔自治区教育厅副厅长　马文华

"雪中送炭"，重点关注农村教师、紧缺薄弱学科教师和边远民族地区教师

2010年，"国培计划"共培训农村教师110万人，占参训教

《国培之歌》

作词：江西上饶市初中语文二班 施艳萍（万年县珠山中学）
作曲：江西上饶市初中语文二班 胡菲菲（万年县珠山中学）

1=D 4/4 稍快

5. 6 3 | 1. 3 3 2 - | 3. 4 5 6 5 - |
雪中送炭， 春意融融， 我们相聚，
专家指津， 理念高瞻， 求实创新，

4. 3 2 3 6 | 0 5 1 3 | 5 6 5 | 4 3. 4 2 - |
相聚国培， 放飞 教育的 希 望。
拼搏奋进， 梦想 从这里 起 航。

0 5 1 3 6 - | 7. 1 2 1 5 - | 5 5 6. 5 | 1 7. 6 |
啊， 国培国培， 你是我们 研修的
啊， 国培国培， 你是我们 成长的

5 3ᵛ 6 6 2. 3 | 4 3. 4 6 5 | 0 1 7 6 5 3 |
乐 园， 你是我们 沟通的 桥梁。 你迎着朝阳，
摇 篮， 你是我们 腾飞的 起点。 你迎着朝阳，

5 5 6. 5 2 2. 3 | 1 - - - : ‖
引领我们 走向未 来。

       2
| 5 5 6. 5 2 2. 3 | 1 - - ‖
引领我们 走向辉 煌。

江西学员自创"国培之歌"（来源：教育部师范教育司"国培计划"展览，2011-05-17）

师总人数的 95% 以上；中西部项目中县以下农村教师占参训总人数 70% 以上。国家投入 5 亿元用于开展"中西部项目"，为中西部边远地区农村教师提供了前所未有的接受高水平国家级培训的机会。对于农村教师队伍素质整体不高、教师队伍结构不合理、教师培训机会少和层次低的中西部地区而言，"国培计划"无疑是一场及时雨，是雪中送炭。如陷入困顿之中的秦老师在继教网参加"国培计划"后，"如沐春风"。她在学习小学英语课程的"听做、说唱、玩演教学法"后，深受启发，构思了一个方案，试图通过"全县小学英语课本剧展评活动"在全县小学掀起学习英语的高潮。⑨

学员感言印证"国培计划"雪中送炭⑩

　　最让我难忘的还有一个月的"影子教师"实践活动，我有机会到有着 60 年建校历史的郑州市名校五里堡小学，以师徒"一对一"方式跟随优秀教师，贴身学习，在真实情景中内化了教学理论，生成了教育智慧。在这里我细细品味课堂上洋溢的浓浓人情味，感受到师生之间、生生之间和谐融洽的真情，更领略了指导教师对教育督导的理解和坚持不懈的探究精神。
　　——河南省郑州市金水区柳林镇中心校　时雅红（农村中小学教师置换脱产研修项目学员）
　　对于一名教龄 21 年的农牧区教师来说，自参加工作以来，第一次参加这样的专业培训，可谓是"雪中送炭"。这次"国培计划"农牧区中小学骨干教师短期集中培训，为我今后的工作提供了源头活水，让我走出老式教育的误区，学习到许多新理念。
　　——青海省格尔木市第十三中学　王清海（农村中小学教师短期集中培训项目学员）

促进改革，增强了高等院校面向基础教育和服务基础教育的意识和能力

2010年，全国共计165所高等学校和培训机构承担了培训任务，数百所优质中小学和数千专家参与了培训。通过置换脱产研修、短期集中培训、远程培训等多种形式，促进高校特别是高师院校面向基础教育，服务基础教育，研究基础教育，加快了教师教育一体化进程，有力地促进了教师教育人才培养模式的改革；为广大教师提供起点更高、层次更高和质量更高的

相关链接

高校领导谈"国培"[①]

"国培计划"惠及全国中小学教师，尤其对加强农村中小学教师队伍建设意义重大，是国家促进教育均衡发展、推进教师教育改革和发展的重大举措。通过组织实施"国培计划"，既有利于提升中小学教师的整体素质和专业化水平，也有利于加强高校特别是高等师范院校服务基础教育的广度和深度。北师大将积极整合优质资源，创新培训管理模式，以高度的使命感和责任感承担好"国培计划"的培训任务，并认真做好设在我校的"国培计划"——中小学骨干教师培训项目执行办公室的各项工作。

——北京师范大学校长　钟秉林

"国培计划"是建设高素质专业化教师队伍的一项重大举措。通过"国培计划"的实施，有效整合了服务教师教育的各类优质资源，进一步坚定了我校面向基础教育、服务基础教育、研究基础教育的发展方向，同时还有力地促进了我校教师教育体制机制的创新以及人才培养模式的改革。我校将一如既往地举全校之力，继续做好这项意义重大的百年大计工程。

——西南大学前校长　王小佳

"国培计划"是党和国家在新的历史时期，为提升教育质量，促进教育均衡发展，实现教育公平而采取的一项重大战略举措。西北师范大学在实施"国培计划"过程中，充分发挥多年中小学教师培训的经验与优势，整合、开发和利用多种优质培训资源，关注教师需求，科学设计培训方案，重视建设培训团队，运用多元化的培训方式，专业化地组织和实施"国培"项目，力争使每个项目都能体现"国家级"培训水平。通过"国培计划"的实施，不仅增强了西北师范大为农村教师提供高效优质学习服务和对基础教育改革实现专业引领的能力，而且有力促进了西北师大教师教育课程、教学和教师队伍建设，密切了与农村中小学的伙伴协作关系。

——西北师范大学校长　王嘉毅

培训，积累和创造了丰富的经验，为新时期教育改革发展培养更多高素质教师，为实现建设一支师德高尚、业务精湛、结构合理、充满活力的高素质专业化教师队伍的目标奠定了坚实基础。

★ 背景阅读

• 教育部，财政部，教育部．财政部关于实施"中小学教师国家级培训计划"的通知，教师〔2010〕4号．

• 管培俊．精心筹划　精心组织　确保"国培计划"顺利实施——在"国培计划"实施准备工作会议上的讲话 [R]．2010-07-05．

• 靳晓燕．国培计划360学时培训：中小学教师最给力的培训 [N]．光明日报，2011-04-06．

• 刘利民．认真总结"国培计划"实施工作经验，努力开创教师培训工作新局面——在"国培计划"总结交流工作会议上的讲话 [R]．2011-03-31．

• 教育部师范教育司．"国培计划"展览：示范引领　雪中送炭　促进改革．2011-05-17．

---

① "影子教师"是"国培计划"置换脱产研修项目的一种培训方式。"影子教师"培训方式，也被称为"体验培训"、"跟岗培训"、"贴身培训"、"影子工作"等。与"带教导师"（专家教师，一般是专业素质能力优于参训教师的骨干教师和特级教师等）对应称谓时，可把参训教师称为"影子教师"。

② 康丽，冯永亮，高影．"国培计划"：百万教师参培　改变中国教师 [N]．中国教师报，2011-02-28。

③ 教育部师范教育司．"国培计划"展览 [EB/OL]．(2011-05-17) [2011-10-08]．http://www.moe.edu.cn/publicfiles/business/htmlfiles/moe/20110517guopei/erji/02.html．

④⑤⑥⑩⑪ 教育部师范教育司．"国培计划"展览 [EB/OL]．(2011-05-17) [2011-10-08]．http://www.moe.edu.cn/publicfiles/business/htmlfiles/moe/20110517guopei/erji/03.html．

⑦⑧ 王强．十万"种子"撒向大江南北——教育部创新"国培计划"中小学班主任教师培训纪实 [N]．中国教育报，2011-03-20。

⑨ 李斌．我国中西部远程培训项目让数十万农村教师受益 [N]．中国青年报，2011-01-29．

6 如何让高校毕业生越来越受用人单位欢迎

——谈大学生实践能力培养

典型事例

国内有名的第三方评估机构——麦可思公司公布《2011年中国大学生就业报告》：2010届大学毕业生中，有50%的本科毕业生和46%的高职高专毕业生认为专业教学中最需要改进的地方是实习和实践环节不够，其中有高达85%的本科毕业生认为实习和实践环节最主要的是加强专业实习，有69%的高职高专毕业生认为最主要的是加强专业技能相关实训。对于已毕业三年的2007届大学毕业生来说，认为母校专业教学中实习和实践环节不够的比例更高。这一方面可能由于几年前的大学专业教学中缺乏实践环节，另一方面是因为工作三年后，更高的工作要求使得毕业生更多地发现当初大学所学的专业知识的不足。可见，加强实践教学与社会需求的对接，已经成为大学毕业生对学校教学的最主要的要求。[①]

大学生的实践能力是指应用所学的理论、知识和观点，分析和解决现实问题的能力，是学生综合素质的一种体现。那么当代大学生的实践能力如何呢？"十二五"期间，是我国全面建设小康社会，加快转变经济发展方式的关键时期，新形势下对大学生的实践能力提出了哪些新的要求呢？如何完善大学生实践能力培养体系呢？这些问题都值得我们进一步思考。

○ 大学生就业的短板何在

用人单位越来越看重大学生的实践能力。随着我国经济社会的发展，社会对人才的质量要求越来越高，尤其是要求大学生具有较强的实践能力。但从目前社会对大学毕业生评价的反馈信息来看，结果不尽如人意。很多用人单位反映，大学生的理论、知识基本上达到专业培养目标，但他们的实践能力普遍较弱。山东某大学在济南地区的招聘会上进行的问卷调查发现，在被调查的 1500 个用人单位中，最看重的是学生的综合素质，82.7% 的单位将其排在第一位。而在学生的综合素质中，实践能力更被看重。当被问及"你比较注重学生的哪些素质"时，实践能力、创新能力和学习成绩名列前三位，分别占 47.8%、42.5% 和 41.6%。社会企业如此看重大学生的实践能力与大学生的实践能力确实较弱形成鲜明的反差。

团中央学校部与北京大学公共政策研究所联合完成的 2006 年《关于大学生求职与就业状况的调查报告》通过对上百所高校五千多名学生和 44 位不同类型用人单位人事部门、人力资源

大学生实践能力与用人单位需求之间断裂（邸楠／绘）

部门负责人以及具体部门负责人所进行的访谈结果显示：从用人单位对各种能力要求的普遍性来看，要求最多的是环境适应能力（65.9%），其次是人际交往能力（56.8%），然后依次是自我表达能力（54%）、专业能力（47.7%）和外语能力（25%）。[②]

大学生对自身实践能力的评价不高。有研究表明[③]：多数大学生认为合作能力强、基础知识以及实验和工程实践能力较差。毕业大学生认为"具有合作的态度和能力"排在表现突出的第一位，而将"有扎实的数学、基础科学和工程原理方面的基础知识及应用能力"排在表现不佳的第一位。

当前理工科大学毕业生实际所具有的基本能力和素质排序表

排位	表现突出选项	综合得分	表现不佳选项	综合得分
1	具有合作的态度和能力	16.26	具有扎实的数学、基础科学和工程原理方面的基础知识及应用能力	17.12
2	较强的语言交流和文字交流能力	15.17	较强的语言交流和文字交流的能力	13.19
3	掌握专业技术学科的较深的知识	13.14	独立自主的工作能力	13.12
4	独立自主的工作能力	10.76	掌握专业技术学科的较深的知识	12.07

用人单位的高期待与大学生实践能力较差的现状成为教育改革的困境。从目前国内社会对大学毕业生评价的反馈信息来看，用人单位普遍认为当代大学生的社会实践能力较低。起草一个文件，不是语句不通，就是错字连篇；出现紧急事件，手忙脚乱，不知所措，应变能力较差，既不知该如何解决，又不明白如何和上级沟通。也许正是由于实践能力较弱，所以用人单位在招聘时才更看重大学生的实践能力。空前的就业压力将检验大学生"能力转换"的水平，而这种能力的转换，需要通过具体的实践才能实现。

○ 大学生实践能力缺失的症结何在

大学生依赖性强,独立性较差。 当他们进入校园后,远离父母和熟悉的环境,面对生活环境的巨大变化,一些学生在生理、心理和行为等方面适应较慢。虽然在生活上逐渐能自理,但在经济上还要依靠父母。没有独立打工挣钱的经历,使他们缺少与社会更多的接触机会,其社会交往能力的发展也受到了限制。

大学生心理准备不足,主动实践意识淡薄。 走过"独木桥"进入大学校园的学子们,兴奋使他们忽略了社会上残酷的竞争。在大学学习过程中,一味地沿袭着等、靠的学习思维,对所学知识灵活运用能力较差,动手能力不强,最终表现出实践能力的缺失。一项关于大学生对参与素质拓展训练意愿的调查中,有14.7%的学生表示会非常主动参与活动项目;72%的学生表示不太主动,如有兴趣的活动会参加;12.9%的学生表示根本没兴趣。

学校实践教学和实践课程薄弱。 学校教学活动是大学生学习和发展的重要方式。从我国高校教学中对大学生实践能力培养的过程来看,较为普遍地存在着忽视实践能力和实际应用内容的教学和训练的问题。在课堂教学中,教师讲授的时间多,学生表达的时间少;教师灌输的时间多,学生参与的时间少;讲授原理的时间多,教授应用的时间少;课堂听的时间多,做的时间少等。

现有的实践教学体系不完善,实践活动往往流于形式。 实践能力的培养离不开实践环节和实践活动。目前,高校的实践教学体系还不够完善,有些学校的实践活动流于形式,实验、实训、实习落实不到位,社会实践活动也往往落实不到位。如果说课本理论、知识是我们的"拳头产品",那么实践过程就是要把"拳头"打出去,成为自己的核心竞争力。缺少实践环节和实践体系的教育是无法培养学生的实践能力的。

相关链接

美国高校怎样培养学生的实践能力

　　美国高校的学生经常参加社会实践和服务活动。例如筹集基金、服务性活动、慈善机构的项目、选举和竞选活动、为老年人和退休者服务、环境治理项目、校外工作计划和参与学校管理等。以哈佛大学为例，它不仅有第一流的教授讲课，而且还以重视社会实践闻名于世。哈佛商学院的教师到世界各地去旅行，发现和整理各式各样的企业问题，形成案例，供学生在课堂上讨论。学生还利用假期打工或承担科研项目，直接去企业参与实际工作，以此达到学以致用、理论与实践相结合的目的。哈佛商学院的乔治·罗杰教授说："我们的教育方式与其说是学院式的，不如说是现实主义的。这对培养真正的经理人员是十分必要的。我们的方法是实际第一，理论第二。"

　　美国高校和社会都很支持学生参加实践活动。有的州专门通过法案支持甚至明确规定学生必须参加这类活动才能毕业，许多学校成立了各种专门的服务性的指导办公室，全美还成立了几个主要的联盟，以便全国各学校能协调一致行动。

如何弥补大学生实践能力这块短板

　　党和国家领导人高度重视大学生实践能力的培养。在庆祝清华百年校庆上的重要讲话中，胡锦涛总书记指出："希望青年学生把文化知识学习和思想品德修养紧密结合起来，把创新思维和社会实践紧密结合起来，把全面发展和个性发展紧密结合起来。"

　　温家宝总理在视察北京市第三十五中学时指出："要培养全面发展的优秀人才，必须树立先进的教育理念，敢于冲破传统观念的束缚，在办学体制、教学内容、教育方法、评价方式等方面进行大胆地探索和改革。"

创新实践能力培养模式，开展形式多样、内容丰富的实践计划

　　《国家中长期教育改革和发展规划纲要（2010—2020年）》提出："坚持能力为重。优化知识结构，丰富社会实践，强化能力培养。着力提高学生的学习能力、实践能力、创新能力，教育学生学会知识技能，学会动手动脑，学会生存生活，学会做

北京理工大学光电创新教育实验基地，参加"科技领袖论坛"的学生们正在设计一套太阳能发电系统（来源：CFP 资料图片）

人做事，促进学生主动适应社会，开创美好未来。""支持学生参与科学研究，强化实践教学环节"。按中央要求，教育部门认真研究，开展各项实践能力培养计划。

大学生创新性实验计划。2007 年 1 月，经国务院批准，教育部、财政部共同启动实施了"质量工程"，将大学生创新性实验计划作为重要建设内容。该计划是直接面向大学本科生，由学生自主选题、自由探索、自我管理的项目，倡导以学生为主体的创新性实验改革，调动学生的主动性、积极性和创造性，以"兴趣驱动、自主实验、重在过程"为实施原则，使学生在本科阶段得到创新性科学研究的锻炼，培养科研的能力和创新的兴趣。从某种程度上，大学生创新性实验计划改变了高等教育培养过程中实践教学环节薄弱、动手能力不强的现状。同时，项目实施带动了教学方法的改革，探索并建立以问题和课题为核心的教学模式，改变灌输式的教学方式，为推广研究性教学和学生的个性化培养创造了有利条件，也为深化高等教育教学改革、全面提升高等教育教学质量探索了一条有效途径。

相关链接

截至 2010 年 12 月，大学生创新性实验计划资助项目总计 18234 项，惠及全国 120 所高校的近 5 万名大学生，参与指导创新项目的教师达 2 万多人次，覆盖了理学、工学、文学等 11 个学科门类，在全国范围内，为大学生搭建了开展科研、提升综合素质的创新教育平台，在全国高校中形成了广泛的创新教育氛围，带动了广大学生在本科阶段得到科学研究与发明创造的训练。

2011 年 7 月，教育部、财政部启动实施了"本科教学工程"，将继续深入实施大学生创新创业训练计划，资助 5 万项大学生创新创业项目，内容包括创新训练项目、创业训练项目和创业实践项目三类。其中，创新训练项目是本科生个人或团队在导师指导下，自主完成创新性实验方法的设计、实验条件的准备、实验的实施、数据处理与分析、报告撰写、成果（学术）交流等工作；创业训练项目是本科生团队在导师指导下，团队中每个学生在项目实施过程中扮演一个或多个具体的角色，通过编制商业计划书、开展可行性研究、模拟企业运行、进行一定程度的验证试验，撰写创业报告等工作；创业实践项目是学生团队在学校导师和企业导师共同指导下，采用前期创新训练项目（或创新性实验）的成果，提出一项具有市场前景的创新性产品或者服务，以此为基础开展创业实践活动。相信在学生的积极参与下，在老师们的悉心指导下，在学校的高度重视和大力支持下，大学生创新创业训练计划必将进一步促进高校转变教育思想观念，改革人才培养模式，进一步强化创新创业能力训练，提升大学生的综合素质，增强大学生的创新能力和在创新基础上的创业能力，从而培养大批适应创新型国家建设需要、适应各行各业发展需要的高素质人才。

大学生校外实践教育基地。2011 年 7 月，教育部、财政部启动了"本科教学工程"，将大学生校外实践教育基地作为重要建设内容。该项目以加强实践教育环节，改革人才培养模式为工作重点，通过直接在大型企事业单位建设 1000 个左右全国性的大学生校外实践教育基地，把学校的实践教育拓展到大型企事业单位进行，让学生在真实的工作环境中学习、实践和提高，弥补大学生实践能力这块短板。

相关链接

校外实践教育基地分为大文科、理科、工科、农林、医药、法学 6 类。其中，大文科类为"文科实践教育基地"，理科类为"理科实践教育基地"，工科类为"工程实践教育中心"，农林类为"农科教合作人才培养基地"，医药类为"临床技能综合培训中心"和"药学实践教育基地"，法学类为"法学教育实践基地"。目前，率先启动的"工程实践教育中心"项目已经收到来自全国 977 家包括著名外资企业在内的大型企事业单位的申报书和建设方案，拟建设的首批 500 家已通过初步遴选。首批"工程实践教育中心"覆盖制造业、采矿业、建筑业等 9 大主要门类［所属行业按《国民经济行业分类》（GB/T4754-2002）统计］，其中仅制造业企业就覆盖电子信息、交通运输、金属冶炼、食品饮料、医药化工等 19 个主要的大类，与我国主要工科专业的分布情况相适应。

河北农业大学在邢台前南峪村建立实践服务基地
（来源：CFP 资料图片）

校外实践教育基地的建设内涵丰富，不仅要求高校和行业、企事业单位、科研院所建立联合培养人才的新机制，更要求高校和企事业单位共同制定校外实践教育的培养目标、培养标准、培养方案，共同建设校外实践教育的课程体系和教学内容，共同组织实施校外实践教育的培养过程，共同评价校外实践教育的培养质量。校外实践基地的建设，必将更好地引入社会需求、提供实践育人环境、改革人才培养模式、加强实践教学环节，并最终提升大学生的社会责任感、创新精神和实践能力。

大学生素质拓展计划。2002 年 3 月 25 日，共青团中央、教育部、全国学联联合做出了在高校开展"大学生素质拓展计划"的决定。大学生素质拓展计划作为统揽大学生课外业余学习教育活动的龙头工程，能够发挥作为大学生第二课堂的重要作用。

此计划是一个完整的体系：从帮助大学生进行职业导航和学业规划的设计活动开始，帮助大家结合自己的人生目标和自身的资质条件自主性地选择参加有主题的课外学习教育活动，进行各个方面的素质测评。

3100 多名前往贵州志愿服务的大学生在南京光荣出征（来源：CFP 资料图片）

开展创新实践育人项目。支教扶贫等活动是促进青年学生向实践学习、向人民群众学习的有效形式。各地各高校要继续深入实施"大学生志愿服务西部计划"（含研究生支教团项目）、"西部文化建设志愿服务活动"、"高校毕业生基层培养计划"等品牌项目，同时积极探索符合时代需要和大学生特点的新项目，进一步扩大项目规模和辐射面，进一步完善政策保障，引导更多大学生投身基层、投身实践。

相关链接

"大学生志愿服务西部计划"又称"西部计划"，它是由共青团中央、教育部、组织部门、人事部门于 2003 年根据国务院有关要求共同组织实施的。计划从 2003 年开始，按照公开招募、自愿报名、组织选拔、集中派遣的方式，每年招募一定数量的普通高等院校应届毕业生，以志愿服务的方式到西部贫困县的乡镇从事为期 1～2 年的教育、卫生、农技、扶贫以及青年中心建设和管理等方面的工作。

继续深化教学改革，统筹推进实践育人各项工作

强化实践教学环节。充分的、高质量的专业实践是提高高等教育人才培养质量的重要保证。各地各高校进一步加强实践教学，加大实践教学比重，创造性地构建以实验、实训、实习和社会活动为主要形式的实践教学体系。大力实施卓越工程师、卓越医生、卓越农村人才、卓越法律人才教育培养计划，探索

建立高校与科研院所、行业企业联合培养人才的新机制，建设一批国家级实践教育示范中心，建设一批国家级大学生校外社会实践教育基地，鼓励师生从课堂走向实践、走向社会，提高学生的专业实践能力和创新思维能力。

相关链接

　　教育部"卓越工程师教育培养计划"，是贯彻落实《国家中长期教育改革和发展规划纲要（2010—2020年）》和《国家中长期人才发展规划纲要（2010—2020年）》的重大改革项目，也是促进我国由工程教育大国迈向工程教育强国的重大举措。该计划旨在培养造就一大批创新能力强、适应经济社会发展需要的高质量各类型工程技术人才，为国家走新型工业化发展道路、建设创新型国家和人才强国战略服务。该计划对促进高等教育面向社会需求培养人才，全面提高工程教育人才培养质量具有十分重要的示范和引导作用。

　　深化实践教学方法改革。实践教学方法改革是推动实践教学改革和人才培养模式改革的关键。各高校把加强实践教学方法改革作为专业建设的重要内容，重点推行基于问题、基于项目、基于案例的教学方法和学习方法。让大学生在获取某一学科知识的同时，通过独立动手、动脑掌握获取知识的方法，成为知识的探索者、创造者。

　　实践教学形式可以灵活多样，不拘泥一种形式。例如，观察、案例教学、体验领悟、做学结合和课题参与等形式。形式的多样有助于扩展深入认知领域，培养学生独立思考、大胆探索、勇于创新的科学精神。这样的教学模式能提高实践教学质量，有效地培养学生分析问题和解决问题的实践能力，是增强大学生实践能力的重要途径。

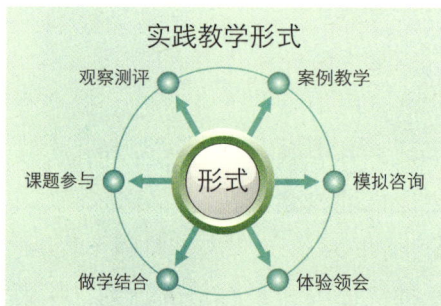

实践教学形式

观察测评　案例教学　课题参与　形式　模拟咨询　做学结合　体验领会

着力加强实践育人队伍建设。实践育人是高校教师肩负的重要使命。各高校制定和进一步完善教师实践育人的规定和政策，加大教师培训力度，不断提高教师实践育人水平。鼓励学校聘用具有丰富实践经验的人才担任各类实践教学管理教师、指导实践教学的教师。应加大对实践教师的培养和引进力度，加快指导实践教学的"双师型"教师和指导生产教学的"生产型"教师队伍的建设，逐步形成初、中、高级人员的合理师资结构。实践教学人员要按照各实践教学环节的管理规范，积极承担实践教学工作，努力完成各项实践教学任务。学校要将教师承担实践育人工作纳入年度考核内容。

加强实践育人基地建设。实践育人基地是开展实践育人工作的重要保障，也是培养学生实践能力、创新意识与创新能力的重要场所。通过建立基础实验中心、专业实验中心、综合训练中心、个性化创新实验室等一批校内实践育人基地，使学生在教师的指导下，通过情境模拟、角色扮演等方式，直接进行实战演练，把所学的专业理论知识转化为实践能力。此外，基地建设还可采取校企联合、学校引进等方式，依托高新技术产业开发区、大学科技园区建立各式各样的校外社会实践基地；积极联系爱国主义教育基地、城市社区、农村乡镇、工矿企业、部队、社会服务机构等，建立多种形式的社会实践活动基地，使社会各界形成培养大学生实践能力的合力。

充分发挥学生主动性。学生是实践育人工作的对象，也是全面开展实践教学活动的

济南大学的学生在山东邹平一实践基地进行岗位操作（来源：CFP 资料图片）

主体。要积极调动学生在实践育人中的主体作用，建立健全各项考核激励制度，激发学生参与实践的自觉性和积极性。例如，通过参加专业竞赛给学生提供了较多的自主学习的时间和空间，调动学生学习的主观能动性，培养他们的学习兴趣和创造性思维能力。要支持和引导班级、社团等学生组织自主开展社会实践活动，使学生熟练掌握实验、实训技能，吸引一大批学生在开放性实验室进行实验、实训操作、技能训练等，形成学生自我教育、自我管理、自我学习的新风尚。

社会在发展，时代在进步。大学生也应随着时代的变化树立新的形象：敢于创新，重于实践。学校之所以重视学生参加实践活动，就是要让年轻学子们在实践中得到锻炼，将新的创意运用到实践中去，这样有利于良好素质的培养，创新能力的发挥。通过实践才能加深对事物的理解，"绝知此事要躬行"就是这个道理。

★背景阅读
- 国家中长期教育改革和发展规划纲要（2010—2020年）.
- 国家中长期人才发展规划纲要（2010—2020年）.
- 胡锦涛. 在清华大学百年校庆大会上的讲话.

---

① 麦可思研究院. 2011年中国大学生就业报告 [M]. 北京：社会科学文献出版社，2011：6-7.
② 团中央发布全国高校2006届大学本科毕业生就业状况调查报告 [EB/OL]. (2006-07-17) [2011-10-11].http://www.bjyouth.gov.cn/ywdd/tzyyw/101803.shtml.
③ 李庆丰，袁亚丽，李雨竹. 毕业生视角下的理工科大学生实践能力培养状况调查 [J]. 大学（研究与评价），2007（7/8）.

7 《虎妈战歌》引发怎样的思考
——谈父母应该怎样教育孩子

典型事例

美国耶鲁大学法学院终身教授、华裔学者蔡美儿撰写了一部关于自己育儿经验的书《虎妈战歌》。该书主要讲述了一位华裔妈妈，身为华裔第二代美国移民，以华人家长对子女的高期待与严格的教养方式来教育两个女儿的故事。在这本书里，蔡美儿袒露了自己抚养两个孩子的心路历程，以及与孩子"斗智斗勇"的过程。两个女儿在妈妈的严格管教和倾心培育下，承袭了华人的优秀传统，在学业、音乐等方面都有卓越表现，在当地被誉为"音乐神童"。

该书在美国出版后经主流媒体报道，特别是《华尔街日报》以《中国母亲为何更胜一筹？》为题介绍后，在美国家长和教育界引起轰动。"虎妈"严苛的教育方式备受争议，各种讨论如潮，引发了该教育方法优劣与否的口水战。2011年1月1日，中信出版社翻译出版了《虎妈战歌》的中文版——《我在美国做妈妈》，这本书在我国同样引起了激烈的争论。今年春天，蔡美儿的大女儿同时被哈佛和耶鲁录取，这更被一些媒体视为"虎妈"的胜利。

《虎妈战歌》所记录和描述的一位华人妈妈的育儿经验，仅仅是个人育儿经验的总结，为什么引发了人们关于中西方家庭教育方式的大讨论？为什么一些美国人会产生对中国教育的恐惧和担忧？为什么有人将"虎妈"的教育模式总结为"中国式母亲的教育"，从而引发出"中国式母亲的教育更成功、更优越"、"中国妈妈更胜一筹"的感叹？综观中西方各媒体对《虎妈战歌》的热议，其焦点是：蔡美儿秉承的"中国妈妈"的教育方式是否正确？中国"严厉式家庭教育"与美国"宽松式家庭教育"相比，究竟哪国的家庭教育方式更好？到底父母应该怎样教育孩子？

○ 为什么《虎妈战歌》会引发中西方关于家庭教育方式的争论

《虎妈战歌》中文版封面

《虎妈战歌》一面世就在中西方引起了激烈的争论。我们究竟应该如何看待《虎妈战歌》引起的争论？从根本上讲，这场争论实质上是中国与美国家庭教育孰是孰非、孰优孰劣之争。家庭教育是指在家庭生活中，由家长（主要是父母）对子女的成长和发展产生的教育影响，它是学校教育和社会教育的基础。家庭是孩子受教育的第一所学校，父母是孩子的第一任老师，家庭教育对孩子的成长具有举足轻重和不可估量的作用。对学龄儿童来讲，家庭教育既是学校教育的有益补充，又是学校教育发展的坚强后盾。由于受社会文化、历史背景、思维方式等多方面因素影响，中美家庭教育在很多方面都存在差异，主要表现为：

家庭教育目的的差异

美国家庭教育的目的是"望子成人"，而中国家庭教育的目的则是"望子成才"。美国父母希望把自己的孩子培养成具有适应各种环境和独立生存能力的"社会人"。"成为自己想成为的人"，是美国家庭和学校从小教导孩子的准则。所以，美国父母能较为轻松地对待子女的教育，把子女个性中积极的成分最大限度地挖掘出来，让子女实现自我价值，就算达到目的。相比之下，中国的家庭教育目的是把孩子培养成"才"，希望自己的孩子通过努力有一个美好的将来，有出息，有个好职业，一生能在顺境中度过。中国的父母不会把培养孩子的独立能力放在首位，相反，他们处处为孩子着想，处处为孩子打算。

相关链接

"虎妈"十大家规
- 不准在外面过夜
- 不准参加玩伴聚会
- 不准在学校里卖弄琴艺
- 不准抱怨不能在学校里演奏
- 不准经常看电视或玩电脑游戏
- 不准选择自己喜欢的课外活动
- 不准任何一门功课的学习成绩低于"A"
- 不准在体育和文艺方面拔尖，其他科目平平
- 不准演奏其他乐器而不是钢琴和小提琴
- 不准在某一天没有练习钢琴或小提琴

家庭教育内容的差异

美国家庭教育内容丰富，注意让孩子在体力、认知、语言、社会性、情感上获得和谐发展，可称为"素质教育"。其中，非常重视孩子人格的健康和思想的独特性，重视培养孩子的社会适应能力和独立生存能力。中国家庭教育则成了学校教育的延伸，重视读书，偏重智力的开发与投资，相对忽视社会生活能力的培养和锻炼。中国的家庭教育内容将智育放在压倒一切的位置上。

虎妈与两个女儿（来源：CFP 资料图片）

家庭教育方式的差异

美国父母理解和尊重儿童，"以儿童为中心"，贯彻的是"朋友式"教子之道，主要用一种平等的方式来教育孩子。他们尊重孩子的个性和权利，认为孩子是脆弱的，需要经常鼓励和赞誉，在家庭里，孩子被看做独立的个体，孩子和父母是平等的。美国父母提倡开放式教育。首先，他们重视实际培训，重视在实践中培养孩子而不是说教。其次，美国父母认为游戏和玩耍非常重要。相比之下，中国的家庭教育恪守"管教"、"严厉"、"服从"的教子之道，缺乏平等性。中国父母并不把孩子和自己放在同一水平、同一地位来对待，父母往往代表长辈，而孩子代表晚辈。中国父母提倡封闭式教育。首先，他们更注重说教，忽视了实践训练。其次，孩子要应付无数的家庭作业，缺乏户外运动或训练。最后，中国家长认为孩子非常坚强，可以用训斥甚至威胁的方式对他们施压。

　　《虎妈战歌》就反映了华人家长传统的教育方式和教养理念，代表了华人家长共同的心态，希望孩子有出息，能够培养成"才"，即"望子成龙，望女成凤"。

○ 中美家庭教育孰优孰劣

　　《虎妈战歌》引发了人们关于中西方家庭教育方式的大讨论。有些读者评论说，蔡美儿的做法是虐待儿童，是对教育规律的扭曲，但也有些人为"虎妈"叫好，认为这是对"中国式"家庭教育的成功诠释。那么，中美两国家庭教育到底孰优孰劣呢？

　　通过以上比较可以看出，虽然中美两国家长在家庭教育目的、教育内容、教育方式等方面存在差异，但也都各有所长，各有所短。中国家教有着很好的传统，如尊老爱幼、谦让有礼、重亲情、讲孝道，等等。但中国家教在两千多年封建社会的历史演变中，逐渐形成了"重共性轻个性"、"重群体轻个体"的特色，太压抑个性和个体，严重扼杀了孩子的独立性、自主性与创造性。美国的家庭教育强调尊重孩子，张扬个性，但同时又有着过分放纵、过分夸张的地方。现在的美国家长逃避了一项重要责任，即帮助孩子做好应对严峻生活挑战的准备。家长以及老师、教育管理者们"沉迷于假象中"，在孩子的各个成长

是唠叨管教还是平等地进行有意义的对话（来源：CFP 资料图片）

阶段都降低了标准，甚至"放任自流"。家长们津津乐道于孩子的微小进步，老师们"降低标准、虚抬成绩"，尽管他们的成就微不足道。美国的家庭管教现在已"失之偏颇"，对孩子的"纵容"使他们无法应对日常压力。孩子们在这种成长环境下认为自己有选择、玩耍等"权利"，但不知道为自己的未来负责任。美国人对"虎妈"的批评之猛烈，正是因为她击中了美国"放任的、物质主义的"教育理念的缺陷。

在国际教育交流与融合的大趋势中，"虎妈"的教育理念也许不能充分代表中国家长，中国"虎妈式"与美国"朋友式"的教子之道也未必水火不容。我们认为，作为中国孩子的家长，我们更应该吸收中国传统文化的精髓，合理汲取美式教育之所长，弥补我们之所短。那么，究竟父母应该怎样做才能有效提高家庭教育的质量呢？

○ 父母究竟应该怎样教育孩子

苏联著名教育家苏霍姆林斯基把儿童比作一块大理石。他说，把这块大理石塑造成一座雕像需要六位雕塑家：家庭、学校、儿童所在的集体、儿童本人、书籍、偶然出现的因素。由此可见家庭教育的重要性。家庭教育是人类最原始、最真诚，也是最持久的教育。家庭教育不仅是家长关心的重要问题，研究者探讨的重要课题，也是政府等公共组织关注的重要问题。《国家中长期教育改革和发展规划纲要（2010—2020年）》指出："充分发挥家庭教育在青少年成长中的重要作用。家长要树立正确的教育观念，掌握科学的教育方法……"《全国家庭教育指导大纲》是我国第一次从国家层面制定的家庭教育指导大纲，它旗帜鲜明地指出："家庭教育指导应注重科学性、针对性和适用性。"马克思说过："家长的行业就是教育子女。"到底家长应该怎样教育子女？家长如何在这个"行业"里做得出色？对此，许多家长感到非常困惑，苦于缺乏科学、正确的教育方法，在教育孩子方面仍存在一定的盲目性。下列几点，或许对家长们有所帮助。

相关链接

2010年2月26日，全国妇联、教育部、中央文明办、民政部、卫生部、国家人口计生委、中国关工委七部委首次联合发布《全国家庭教育指导大纲》。《大纲》总结了多年来家庭教育理论与实践经验取得的创新成果，在我国家庭教育发展历程中尚属首次。

《大纲》提出家庭教育指导应尊重儿童身心发展规律，尊重儿童合理需要与个性，创设适合儿童成长的必要条件和生活情境，促进儿童自然发展、全面发展、充分发展。父母双方家长应发挥主体作用和影响，确立责任意识，不断学习、提高自身修养，为子女树立榜样，为其健康成长提供必要条件。应建立指导者与家长、儿童，家长之间，家庭之间，家校之间的互动，努力形成相互学习、相互尊重、相互促进的环境和条件。

树立现代家庭教育理念

家庭教育是孩子健康成长的第一步，家长是孩子的启蒙老师，家庭教育对孩子的影响是不可替代的。正确的家庭教育观能够引导家长培养孩子成为有责任感、人格完善、对社会有用的人才，能够帮助孩子成就美好人生。那么，家长应该树立哪些现代教育理念呢？

家庭教育是一切教育的根基。教育不仅仅是学校单方面的事情，也不仅仅是个人成长的事情，而是关乎社会进步与发展的大事。随着知识经济的来临，学习型社会的到来，终身教育成为现实，教育成为伴随人的一生最重要的活动之一。家庭是孩子成长的首要环境，家庭教育是个人最早接受的教育，是学校教育的有益补充，是社会大教育体系的"根基"。家庭教育是奠定人生成功的基础，夯实社会发展与进步的根基。家庭教育对教育的成败和每一个人的健康发展，负有不可推卸的责任，父母是孩子的第一任教师，因而家长必须高度重视家庭教育。

多元智能理论

1983年，美国哈佛大学教育研究院著名心理学家霍华德·加德纳（Howard Gardner）提出了多元智能理论。他认为智能基本上是一种生命的心理潜能，人类的智能至少可以分成九个：语言智能、逻辑数学智能、空间智能、肢体运作智能、音乐智能、人际智能、内省智能、自然探索智能、生存智能。几乎所有个体身上都体现多种智能的不同方式、不同表现形式的有机组合（只有在那些奇特的个体身上才以单一的形式表现出来）。个体之间的差异在于个体所拥有的多种智能在表现方式和表现程度上的不同。

每个孩子都具有潜质和禀赋。著名发展心理学家、哈佛大学教育学院教授霍华德·加德纳认为："每个儿童都是一个潜在的天才，只是他们会以不同的形式表现出来。"既然每个孩子都不一样，每个孩子都是"潜在的天才"，那么父母应该从儿童的天性出发，真正了解孩子，发现孩子的个性和禀赋，并给予尊重、保护和引导，鼓励他们独立思考，遵循孩子成长的规律，尊重儿童的个体差异，尊重儿童的独立性和自主性，尊重儿童的意见和要求，鼓励儿童认识自己、悦纳自我，给予儿童思想和行动上的自由，允许儿童犯错和失败，促进孩子身心健康发展，使之成为个性健康、人格健全、适应社会的人。

家庭教育中父母与子女是平等的。父母与子女虽然具有不可磨灭的血缘关系和情感联系，但是在家庭教育中父母与子女之间既不是一种人身依附关系，也不是命令服从关系，而是建立在人格平等基础上的以对等和平等为特征的新型关系，是平等的理解和交流的关系。其中，父母扮演"引导者"和"指导者"的角色，而不是"命令者"。只有在相互平等、相互尊重和相互承认的交往中，儿童才能乐于接受父母的指导，学会合作，消除个人中心，培养、发展真正的责任意识和义务感。

家庭教育应与时俱进。家庭教育是一种不同于学校教育和社会教育的教育，它的作用不容忽视。正如福禄培尔在《人的

亲子共读，建立终身学习观念（来源：《中国教育报》资料图片）

教育》中所阐述的："家庭生活在儿童生长的每个时期，不，在人的整个一生中，是无可比拟的重要的。"当今社会正处于知识经济时代，科学技术日新月异，知识更新频繁，需要个人持续终身的学习才能跟上时代发展的节奏和步伐。与之相适应，家长也要持续不断地学习，更新教育理念。家庭教育的全部意义和真谛并不在于父母如何教育、培养子女，而在于家庭成员如何在家庭中共同学习成长。家庭教育需要终身学习，是家庭成员终生持续不断地学习和发展的过程，每个成员都要具有孜孜以求的精神。"活到老，学到老"，个体只要活着，就永远不会从"家庭学校"毕业。

合理把握家庭教育的尺度

严格要求与理性爱护相结合。我国著名儿童心理学家朱智贤教授指出：家庭教育"要做到爱护与严格要求相结合"。这句话的意思，是指父母在家庭教育过程中，一方面要对教育过程、子女负责，提出并落实一系列恰当的教育要求；另一方面，父

溺爱不能让孩子健康成长（来源：CFP 资料图片）

母应该关心、爱护子女。其中，严格要求并不等于苛刻、过度、不合理的要求，而是从教育目的出发，针对子女的实际情况、自身特点和发展实际，提出适当要求。此外，父母关心、爱护孩子并不等于溺爱孩子，而应理性施爱。对孩子百般呵护、袒护，一切以孩子为中心，以孩子的意志为转移，凡事都要满足孩子的需要，容不得孩子有一点的委屈，放松对孩子的品质培养和习惯养成，可谓"捧在手里怕飞了，含在口里怕化了"。许多家长误认为这是关心、爱护孩子的表现，实际上这是一种溺爱，容易使孩子养成一种一切以自我为中心的意识：任性、不听话、不服管教、不守规矩、不懂礼貌、到处惹是生非和脾气坏，等等。其结果就是：不仅不能达到教育好孩子的初衷，相反，许多事实表明，看似用尽了自己的所有爱心，养育出来的却是一个专横跋扈、唯我独尊的小霸王！因为只有情爱而没有教育，容易走向溺爱；反之，只有教育而没有情爱，容易走向刻板说教。正确的做法是将感情和道理融合起来，做到爱中有教，教中有爱。在家庭教育中，无论是孩子的日常生活、行为习惯，还是学习等各方面，家长都应把握这一尺度，以便更好地促进孩子的健康成长。

言传与身教相结合。这一尺度是指父母在家庭教育过程中，一方面要通过运用各种语言（身体语言、口头语言、书面语言）对子女进行教育；另一方面父母要以身作则，通过自身的实际行动来感化和影响子女。言教是指父母用语言对子女进行劝诫、开导、鼓励、批评等，或者以书信、留言条、家规等文字形式来规范子女的行为，以达到一定教育效果的教育活动。言教是家庭教育的重要方法之一。身教是指父母在家庭教育过程中，通过自身的实际行动来感化、影响和教育子女。孔子的学生曾子的家庭教育就是"言传与身教"相结合的典范。有一次，曾子

曾子杀猪（邱楠／绘）

的妻子要上街，儿子哭闹着要跟去，妻子就哄他说："你在家等我，回来给你杀猪炖肉吃。"妻子回来，见曾子正磨刀霍霍准备杀猪，赶忙阻拦说："你干什么呢？难道你真的要杀猪给他吃？我原是哄他的。"曾子认真地说："我们的一言一行对孩子都有影响，如果我们说话不算数，孩子以后就不会听我们的话了。"随后，曾子果真把猪杀了。这就是家喻户晓的"曾子杀猪"的典故，体现了父母教育儿童言行一致的重要性。这是因为"父母是孩子的一面镜子"。父母是子女最早、最直接和最经常的模仿对象。年幼子女喜欢模仿他们的父母，以父母的形象为榜样，不加区分地予以认可和接受，因而父母的一言一行关系到子女的个性形成。这就要求父母不能信口开河，要以身作则，言必信，给孩子树立良好的形象，以表率的力量感染、教育孩子。凡是要求子女做到的，父母本人首先应该做到，事事严格要求自己，才能收到预期的教育效果。父母以身作则，身体力行，本身就是一种强有力的教育手段。父母只有言传身教，才能使孩子诚实无欺。

一致性与差异性相结合。这一尺度是指父母及其他年长者

在家庭教育过程中，既要将教育价值观、教育态度、教育要求、教育目标、教育内容等来自各方的教育影响尽可能协调好，确保各方要求一致，态度一致，前后一致等；又要因人因时因事而异，寻求教育方式、方法、手段的灵活性和多样性，以取得最佳教育效果。家庭教育的一致性原则包括 3 个方面：第一，要求家庭的所有成员对孩子的教育必须一致；第二，要求家庭与学校和社会各方面的教育影响相一致；第三，要求家庭成员在教育孩子时不以自己心情好坏为转移，教育孩子应长期如一。家庭教育中，各家庭成员只有密切配合，形成统一的教育影响力，在这种巨大能量场的作用下，才能获得最佳的育人效应。家庭教育的多样性是指家庭各成员对孩子进行教育时，没有必要遵循固定的模式，可以根据孩子的实际情况灵活选择或采用教育方式、教育方法、教育手段等。这是由家庭教育内容的全面性、家庭生活的丰富性和复杂性以及各家庭成员的不同素质、不同个性特点、不同生活阅历和经验等决定的。

重视学习成绩与促进全面发展相结合。受"万般皆下品，唯有读书高"传统封建思想和应试教育的影响，许多家长错误地认为，孩子学习成绩好是最主要的，其他都是次要的或可有可无。即使是在大力实施素质教育的今天，唯分数至上的家庭教育观依然盛行，认为孩子只要成绩好，什么问题都能解决。孩子能上名牌大学是他们的理想，所以孩子只要学习好就足够了，其他一切都是次要的。"衣来伸手，饭来张口"是中国孩子普遍可以享有的"待遇"，这种做法导致孩子丧失了同龄孩子应有的独立生活能力和劳动能力。

除此之外，还有一些家长望子成龙，想通过智力投资来提高孩子的竞争力，强迫孩子学习各种课程，参加数不清的提高班，却从未考虑孩子的兴趣和意愿，结果往往适得其反，压抑了孩子的个性发展。在培养孩子兴趣爱好方面，一句"不能让孩子输在起跑线上"，使中国家长选择在孩子很小的时候，就让他们参加各种兴趣班，他们认为技多不压身，不管孩子是否感兴趣，多学几门技术对以后的就业很有必要，所以孩子一周七天都在学习，每天筋疲力尽。最后结果却是，孩子似乎什么都学过，但没有一门精通的，问到他们对什么最感兴趣时，他们自己也说不上来。由于过分关注孩

盲目培养孩子的兴趣爱好（来源：CFP 资料图片）

13 岁孩子的"疯狂"补课表（来源：CFP 资料图片）

子的成绩，以至于忽略了孩子其他方面的发展。在生活上，父母总是为孩子准备好了一切，很少让孩子自己动手。在交友上，父母一旦发现自己的孩子与所谓的差等生交朋友就严加阻止，很少让孩子参加集体活动，认为参加课余活动是在浪费时间。

正确的做法是：家庭教育不应仅仅追求学习成绩，而应重视孩子全面、可持续发展，尽量为孩子的全面发展争取或创造更多的条件和机会，尽量让孩子根据自己的兴趣、爱好和特征选择自己的学习，以充分发挥孩子的天资和潜能。考试分数代替不了孩子的全面发展，不应以片面追求考试分数为目的牺牲孩子全面发展的机会和可能，家庭教育应努力使孩子在德、智、体、美、劳等方面得到全面和谐的发展。

家长指导与学生自主相结合。目前，我国大多数孩子自我选择的权力有限，要根据父母的意愿学习、生活、做事。有的

父母甚至"越俎代庖"，包办了孩子除学习之外的其他一切事务。这样，不利于培养孩子的独立自主能力，反而容易滋生孩子焦虑、退缩、依赖、社会适应不良等负面情绪和行为。为此，家长应给予孩子一定的选择权利和空间。当孩子开始显示出辨别事物能力的时候，父母要让孩子按自己的意愿选择。孩子可以选游戏、书、朋友、工作，等等，父母不应把自己的意见强加给孩子。在孩子进行选择时，父母不是旁观者，而是作为一个指导者出现。大多数时候，父母的作用是引导孩子们选择，或者是站在孩子身后给予他们信心。

采用恰当的家庭教育方法

潜移默化。"把一个信念播种下去，收获到的是一个行动；把一个行动播种下去，收获到的是一个习惯；把一个习惯播种下去，收获到的是一个性格；把一个性格播种下去，收获到的是一个命运。"由这句著名的教育格言可以看出养成良好行为习惯的重要性。其实，孩子良好习惯的养成离不开家庭教育。孩

多陪孩子读书，达到潜移默化的效果（来源：《中国教育报》资料图片）

子身上的多数习惯——无论是好习惯还是坏习惯——都是我们做父母的有意无意培养出来的。也就是说，家庭教育并不仅仅局限于家长"有意识"的教育引导。在更多时候，家庭教育在很大程度上是家长对子女的"无意识"教育。恰恰因为其是"无意识"的，所以才更容易为子女所接受，影响才更为深刻。老一辈革命家恽代英同志说："父母对子女的教育，'不必耳提面命、夏楚横施，全在以潜移默化为唯一手段'。""'潜移默化'四个字在教育中为最高法门，而家庭教育尤以此为主要手段。"因而，家长应重视家庭环境对子女的影响和教育，要有意识地、积极地为子女创设良好的、和谐的、优美的家庭环境，使子女在其中受到潜移默化的影响，以培养良好的品行。

奖惩分明。表扬奖励与批评惩罚是家庭教育的一种手段，其目的是教育子女不断进步。表扬奖励与批评惩罚都应注意适度，并且不能频繁使用，过犹不及会给孩子造成不利影响。因为表扬奖励过多，会使子女对此持无所谓的态度，起不到激励作用；而批评惩罚要考虑孩子的心理承受能力，如果批评惩罚太多，会使子女对此麻木不仁，容易对子女身心产生负面影响，使其产生抵触情绪。

即便现在也有很多家长信奉"棍棒之下出孝子"（来源：CFP 资料图片）

表扬奖励与批评惩罚应及时强化，讲究实效。

心理学研究表明，表扬的效果一般优于批评的效果，所以家长应多运用表扬少运用批评惩罚。"数子十过，不如奖子一长"就是这个道理。其中，奖励应以精神奖励为主，物质奖励为辅，防止孩子贪图物质的满足和享受，促使孩子在思想行为上不断进步。给予物质奖赏不要事先许诺。事先许诺多了，会使孩子讨价还价，养成斤斤计较的庸俗习气，以致完全失去物质奖赏的积极意义。在批评惩罚孩子时，头脑一定要冷静，批评惩罚必须公正合理，不能在不明事实真相的情况下，不分青红皂白，鲁莽行事，任意批评惩罚孩子。还要注意时间、地点、场合，最好不要当着外人的面批评孩子，以免使孩子难堪，伤害其自尊心。

值得注意的是，家长应慎用惩罚，禁止实施体罚。苏联著名教育家苏霍姆林斯基曾深刻指出："每个人都应当知道：假设孩子体验到体罚的可怕和震惊，那么，在他的心灵里，那种内在的、自身天赋的，作为自我教育的力量就减弱了。体罚越多，越残酷，那么自我教育的力量就越薄弱。"

循循善诱。说服教育是家庭教育中经常使用的一种方法。它是通过摆事实、讲道理等方式引导、教育子女，提高他们明辨是非的能力和思想认识，培养他们良好的道德品质，养成正确的行为习惯。说服教育应讲究技巧，循循善诱，晓之以理，动之以情，导之以行。唯有如此，才能拨动孩子的心弦，让孩子心悦诚服地接受家长的教育和引导，否则，说服教育就可能收效甚微。自古以来，我国有许多循循善诱子女的佳话，可资借鉴。

魏晋南北朝时期，吐谷浑民族首领病危时，为了教育他的20个儿子团结一致，命令每个儿子折断一支箭。当他们轻易地折断箭之后，他要求儿子将20支箭捆绑在一起，命令他们说："你们每人现在再折断这20支箭！"结果没有一个儿子能折断。于是，他趁机说："这就叫'单者易折，众者难摧'，我死后你们要齐心协力，才有力量保卫国家！"儿子们听了父亲弥留之际的嘱托，懂得了团结的重要性。这种生动形象、寓意深刻、循循善诱的说服教育是卓有成效的家庭教育方法，也是高超的教育艺术，值得每位家长学习借鉴。

正面引导。家庭教育中，每位家长都应自觉坚持以正确的价值观引领子女身心健康发展，对他们施加积极的教育影响，使他们在正确引导下，朝着社会和家庭期望的目标成长，增强家庭教育在基本价值取向方面的自觉性，提高家庭教育水平。为孩子选择合适的电视节目，安排健康的家庭活动，诱导孩子培养良好的个人兴趣，以及推荐有益的课外读物，借助同龄人中榜样的作用等，都是对孩子实施正面引导的例子。为此，家长要努力提高自身素质，理解、把握、传播正确的教育价值观。

因材施教。家庭承担了社会责任中最重要的一种功能。每一个人的社会化，不仅需要家庭的哺育，更需要家庭的教养。家庭教育是一切教育之源泉，家庭教育的方法很多，每种方法既有其优点，也有不足，需要父母去伪存真、去粗取精、取长补短。由于孩子的年龄特征不同、个性差异较大，对某个或某些孩子有效的方法却不一定适用于其他孩子。因而，究竟父母应该怎样教育孩子没有固定的模式和方法可循，应从孩子的实际出发，根据孩子不同的认知水平、性格特点、学习能力以及自身素质，选择适合每个孩子特点的方法，开展有针对性的教育，发挥孩子的长处，弥补孩子的不足，激发孩子学习的兴趣，树立孩子学习的信心，使每个孩子的才能和品行获得最佳发展，从而促进孩子全面发展。而了解孩子的特点是实施因材施教的基础。为此，家长既要正确把握孩子（特别是处于青春期的孩

因材施教（来源：CFP 资料图片）

子）身心发展的特点，又要了解其德、智、体方面发展的特点，各学科学习的情况与成绩，有何兴趣、爱好与特长以及不足之处，然后有目的地因材施教。

综上所述，家庭教育是一种复杂性活动，很难有一种共同模式，任何厚此薄彼、全面肯定某种教育观念或全面否定另一种教育观念的想法和做法都是有问题的。家庭教育方式方法的学习借鉴，必须分析相应的社会环境，针对具体的教育对象，采取灵活多样的方式，不简单地复制，不套用单一模式，不做非此即彼的选择，否则，就可能产生严重误导，使学习借鉴变异。

★ 背景阅读

• 蔡美儿. 虎妈战歌 [M]. 张新华，译. 北京：中信出版社，2011.

• 顾根火. 顾根火：家庭教育的作用地位和家教的基本原则 [EB/OL]. (2007-02-26) [2011-10-08].http://www.xinli110.com/education/zyzx/jzzy/200702/16845.html.

• 邓佐君. 家庭教育学 [M]. 福州：福建教育出版社，1995.

• 杨宝忠. 大教育视野中的家庭教育 [M]. 北京：社会科学文献出版社，2003.

• 李菲，查云帆. 七部门首次联合发布《全国家庭教育指导大纲》 [EB/OL]. (2010-02-26) [2011-10-08].http://www.gov.cn/jrzg/2010-02/26/content_1542789.htm.

• 国家中长期教育改革和发展规划纲要（2010—2020 年）.

8 民办教育如何突破发展瓶颈

——谈促进民办教育发展的政策措施

　　《广东省实施〈中华人民共和国民办教育促进法〉办法》2010 年 3 月 1 日正式施行。实施办法在以下方面有重要突破：政府设立民办教育专项资金、政府统一规划与规范管理、民办学校举办与学费审批、举办权与转让、出资与合理回报的提取奖励、学校税收优惠政策、民办学校用地及用水电气和排污通信等公共服务价格、校长聘期、教师地位与人事及工资管理和福利待遇、公办学校对民办学校的帮教扶教、学校与学生权益的保障、规范学校广告等。实施办法特别放宽了民办中等职业学校和民办高等学校的收费政策，执行"备案制"。这一政策松绑为需要大量民间资本进入的民办学校发展注入了强心剂。实施办法的出台标志着广东省民办教育第二个春天的到来。

　　中国著名教育家成思危先生说："中国的教育就像一只鸟，它的双翼是普通教育与职业教育，它的双腿是公办教育与民办教育，双翼都健壮才飞得高，双腿都健壮才跑得快。"民办教育是指国家机构以外的社会组织或

首届中国民办教育论坛在京举行（来源：新华社资料图片）

者个人，利用非国家财政性经费，面向社会举办学校及其他教育机构的教育服务活动。民办教育同公办教育一样，属于公益性事业，不仅是我国社会主义教育事业的重要组成部分，而且是我国教育事业发展的重要增长点和促进教育改革的重要力量。温家宝总理在《百年大计　教育为本》中指出，"要加快民办教育发展，满足不同社会群体多样化的教育需求。"

从孔子开办私学算起，中国私立教育已有 2600 多年的历史。在两千多年的中国私学历史长河中，私立教育停顿了不过 26 年（1952—1978 年），私立学校为传承中华文明与推动中华民族复兴发挥了十分重要的作用。改革开放后，随着个人和民间资本被允许进入教育领域，中国私立教育以社会力量办学和民办教育的称谓再次兴起，这是我国大力发展市场经济条件下对政府包办教育的一次大变革，也是教育思想上的一次大解放。经过 30 多年的发展，我国民办教育从无到有、从小到大、从弱到强，到目前已形成了具有一定规模的多元民办教育体系。据 2010 年教育统计显示，全国各级各类民办学校达 11.90 万所，在校学生数 3392.96 万人。但从全国范围来看，还是存在公办教育强、民办教育弱的现状。

相关链接

我国民办教育发展的四个阶段

第一阶段：萌芽与复兴时期（1978—1991 年），以 1987 年国务院转发国家教委《关于社会力量办学的若干暂行规定》为标志。

第二阶段：多元发展时期（1992—1996 年），以 1993 年中共中央、国务院发布《中国教育改革和发展纲要》为标志，首次明确"积极鼓励、大力支持、正确引导、加强管理"的国家对社会力量办学的"十六字"方针。

第三阶段：相对规范时期（1997—2002 年），以 1997 年《社会力量办学条例》为标志，中国民办教育有了基本的规章规范；以 2002 年《民办教育促进法》为标志，标志民办教育在法制化进程上迈出了关键一步。

第四阶段：法制化转型时期（2003 年至今），以 2004 年《民办教育促进法实施条例》施行为标志，转型的目标是构建公办教育与民办教育共同发展的格局。

○ 我国民办教育健康发展中存在的主要问题是什么

当前，从总体上看以及与不少国家相比，我国民办教育的规模还不大、层次还比较低、质量还不高、影响还比较小。

民办教育的规模偏小

截至 2009 年底，我国民办普通高校（含独立学院）占同级同类学校数比例为 28.54%（美国为 55.8%、韩国为 80.1%），在校学生占同级同类学校在校生总数的比例为 20.8%（技术职业型高校，日本占 90.6%、韩国占 86.0%；学术研究及研究生教育型学校，日本占 73.9%、韩国占 76.5%）。民办普通中学（高中和初中）占同级同类学校数比例为 11.64%（美国为 48.8%；韩国为 79%），在校生占同级同类学校在校学生数比例为 9.71%（法国为 20%；韩国为 38%）。民办普通小学占同级同类学校数比例为 1.71%（美国为 24.4%），在校学生占同级同类学校在校学生数比例为 4.89%（法国为 15.0%；美国为 12.0%）。民办幼儿园占同级幼儿园数比例为 64.62%（日本为 58.2%）。[①]

民办教育的质量还不高

民办学校存在着办学趋同、教育供给缺乏质量与特色、与公办学校相比竞争力不够强、可持续发展能力缺乏等问题。一

在南京市国展中心举办的高校招生咨询会上，民办高校吸引高考考生和家长（来源：CFP 资料图片）

方面，在民办学校与公办学校的教育质量竞争中，民办学校"先天不足"的缺陷暴露得越来越明显。另一方面，尽管政府一直倡导民办学校依法办学、自主办学，但在具体管理中仍存在管理过多、过死的现象，使得民办学校自主办学仍然缺乏适度的自由空间，在很大程度上造成了缺乏明显办学特色。[②]在民办高等教育领域，受办学经费限制，相当一部分民办学校教学投入不足，教育教学质量没有保障，所培养的学生难以适应用人单位的需要；不少学校缺乏科学规划，盲目求全求大，定位存在偏差，发展缺少依托；少数民办院校的举办者则沿袭企业做法，在办学水平上搞低水平重复建设，以牺牲质量为代价，大量举债，盲目扩张，已到了难以为继的地步。

影响我国民办教育健康发展的主要原因有哪些

政府部门对民办教育的存在价值和重要性认识不足，在法律执行、行政管理以及民办学校自身等方面存在不规范现象，都影响到我国民办教育的健康发展。

对发展民办教育的重要性认识不到位

至今，仍有一些政府部门及人员对发展民办教育的重要性和必要性认识模糊、重视不够，甚至以"怀疑论、多余论、麻烦论"等消极被动心态对待民办教育，对民办学校和公办学校不能做到一视同仁。而发展民办教育不是可有可无，也不是阶段性的任务，而是我国办学体制改革长期的重要举措。发展民办教育的重要意义有如下三点：

民办学校不被重视，不能像公办学校一样被一视同仁（来源：CFP 资料图片）

民办教育是我国教育事业发展的重要增长点。2010

年 7 月颁布的《国家中长期教育改革和发展规划纲要（2010—2020 年)》中制定了 2020 年中国教育的发展规模目标，即基本普及学前教育；巩固提高九年义务教育水平；普及高中阶段教育，毛入学率达到 90%；高等教育大众化水平进一步提高，毛入学率达到 40%。要实现上述教育发展规模目标，民办教育亟须健康发展。因为，在一个发展中的人口大国，不调动全社会的积极性，不充分利用全社会的资源，就不可能实现教育的优先发展、适度超前发展。

民办教育是深化教育体制改革的重要力量。随着改革的不断深入，教育领域面临的深层矛盾将日益显现，民办教育作为教育管理体制改革的时代产物，为教育领域的深化改革、解决深层次矛盾进行有力探索也积累了很好的经验。《教育规划纲要》把民办教育作为重要试点内容，提出了探索公办学校民办学校联合办学、中外合作办学、委托管理等改革试验，开展对营利性和非营利性民办学校分类管理试点，建立民办学校财务和资产管理制度，探索独立学院管理和发展的有效方式等。民办教育相较公办教育具有自身体制机制灵活的特点，在转变教育观念、创新人才培养模式方面可以积极探索，为教育战线树立和实现新的教育理念创造经验。

民办教育满足了社会和群众多样化的教育需求。在学前教育阶段，民办幼儿园的大发展为我国加速学前教育发展作出了重要贡献。在义务教育阶段，举办少量优质、特色的民办教育，一定程度上适应了部分城市和发达地区农

星星雨教育研究所是我国第一家为自闭症儿童及其家庭提供服务的民办教育机构，图为谢玉琴老师在对学生进行认知课程辅导（来源：新华社资料图片）

村家庭对优质、特色教育的需求。在非义务教育阶段，民办高中与民办高校为教育事业的快速发展作出了重要贡献，较大程度上满足了人民群众对高层次教育日益增长的需求。现阶段，政府提供的公共基础教育首要职责是保障教育公平和普及，民办教育则满足群众对教育的差异性和选择性需求。

相关链接

　　全国政协委员、锡华集团董事长张杰庭在 2011 年"两会"期间表示："我国民办教育从整体来说，在不断向好的方向转化，但解决实际问题还需要政策、需要公平。"他指出，支持民办教育首先需要更加开放的思想，降低民办教育的准入门槛，例如占地规定等政策。"现在政府规定幼儿园必须占地多少亩，其实 300 平米也可以设立一个社区幼儿园。"张杰庭说。我国民办教育发展的另一大障碍是民办学校的学生、老师与公办学校的学生、老师在所能享受的政策待遇上不平等。比如民办教育的学生没有当兵指标，没有支农指标。公办大学的毕业生可以到农村当村官，可以参加大学生西部计划，民办大学的学生却不可以。公办学校的老师在退休后给予补贴、保险等保障，民办学校的教师则享受不到这些优惠政策。张杰庭呼吁，政府应该出台让民办教育投资者在实践中容易执行的政策，比如贷款政策、学生和老师的安置政策等。

在法律执行、行政管理以及民办学校自身管理等方面还不够规范

　　公办教育与民办教育的同等法律地位尚未落实。尽管现有法律规定了民办教育与公办教育享有同等的法律地位，但在实际执行中，民办学校在税收、建设用地、教师待遇等社会保障方面与公办学校相差甚远。民办学校与公办学校在学校管理方式和资源争取方式方面也存在很大差异：公办学校依靠政府占有丰富的办学资源，拥有稳定的发展条件；民办学校则主要靠自己找市场和资源，不确定性和风险性使得民办学校生存异常艰难，发展空间日益局促。

　　"合理回报"的法律规定难以实际操作。我国民办教育的投资办学占据主流，而捐资办学极少，投资者往往有回报预期，具有明显的"逐利"特征。《民办教育促进法》中虽有"合理回

报"的规定，但难以操作。投资者为避免征收企业所得税和营业税，几乎所有的民办中小学都申报成"不取得合理回报"的学校。但实际情况是：不乏有一些投资者采用暗箱操作的方式获得收益，这种"暗中营利"的做法既不规范，也难以进行必要监管。

民办学校的法人治理结构不健全。现有民办学校有两种情况：一种是学校董事长与校长是同一个人，这容易造成以家族企业的运行模式来管理学校，无法按照教育事业发展的规律来办教育；另一种是董事长与校长不是同一个人，但由于校长和监督机构各司其职、各负其责、相互联系、相互制衡的机制尚不成熟，容易造成董事会的决策权和校长的执行权边界不清晰，董事会向校长授权不到位或者校长权力过于集中，教代会代表全校教职工参与学校管理，以及依法行使对董事会、校长的民主监督权未能得到切实保障等弊端。

○ 国家和地方促进民办教育发展的主要政策措施有哪些

为促进民办教育健康可持续发展，《教育规划纲要》提出了一系列扶持措施，各地方在落实《民办教育促进法》过程中也出台了地方的创新政策。

国家大力支持民办教育发展的政策措施

《教育规划纲要》提出："民办教育是教育事业发展的重要增长点和促进教育改革的重要力量"，两个"重要"的提出是对民办教育在整个教育事业中的明确定位，是对民办教育的巨大鼓舞。为大力支持民办教育，积极构建政府依法管理、民办学校依法办学、行业自律和社会监管相结合的工作格局，《教育规划纲要》从加强政府支持、依法落实民办教育平等的法律地位、完善扶持政策等方面提出了多项措施。

第一，各级政府要把发展民办教育作为重要工作职责。一是各级人民政府应将民办教育事业纳入国民经济和社会发展规划，积极扶持民办教育的发展，特别要大力发展民办中等职业教育。二是鼓励公民个人和社会团体出资、捐资办学，促进社会力量以独立举办、共同举办等多种形式兴办教育。三是支持民办学校创新体制机制和育人模式，提高质量，办出特色，办好一批高水平民办学校，在培养多样化人才方面发挥更积极的作用。四是制定完善促进民办教育发展的优惠政策。

民办学校与公办学校待遇应该一样高（来源：新华社资料图片）

第二，依法落实民办学校与公办学校平等的法律地位。一是依法落实民办学校、学生、教师与公办学校、学生、教师平等的法律地位，保障民办学校办学自主权。二是依照《民办教育促进法》的有关规定，清理并纠正对民办学校的各类歧视政策，进一步消除制约民办教育发展和创新的体制机制障碍。三是积极探索营利性和非营利性民办学校分类管理的做法。四是完善民办学校法人治理结构，切实落实民办学校法人财产权。

第三，健全公共财政对民办教育的扶持政策。一是在委托服务方面，政府可以委托民办学校承担有关教育和培训任务，并拨付相应教育经费。二是在专项资助方面，县级以上人民政府可以根据本行政区域的具体情况设立专项资金，用于资助民办学校。三是在表彰奖励方面，国家对发展民办教育作出突出贡献的组织、学校和个人给予奖励和表彰。四是在学生资助政策方面，将民办学校学生纳入家庭经济困难资助体系。

　　第四，进一步加强制度建设和监督管理。民办教育的政策与制度环境仍然需要进一步规范和完善，为积极支持引导民办学校的健康发展，依法保障民办学校的办学自主权，各级行政管理部门要完善管理职能、落实依法行政。一方面要进一步"放权"，把学校可以办好的事交给学校自己去定，把其他社会组织能办好的事交给社会组织去办，尽量减少"审批"或"变相审批"；另一方面要加强"监督"，凡属于政府监督管理的事，要规范制度，监督管理到位。

相关链接

　　当前，让孩子上平价又优质的幼儿园，在群众中呼声很高。今后，民办幼儿园将得到更多扶持和资助，高收费有望降下来，让群众在交费大致相当的情况下自由选择公办园或民办园。在 2010 年全国学前教育工作电视电话会上，中共中央政治局委员、国务委员刘延东表示，将对城乡民办幼儿园给予多种形式的扶持和资助，引导其提供普惠性服务，让群众可以在交费大致相当的情况下自由选择公办园或民办园。这就意味着，在发展公办幼儿园的同时，民办幼儿园也将从政府等各方面得到更多的支持和帮助。政府出钱对民办幼儿园补贴和扶持，一定程度上会降低民办幼儿园的收费。"公办园和民办园收费相差不大的情况下，群众选择的自由度会更大些。"北京砖牌坊街幼儿园园长徐彩凤说。

相关链接

　　广西南宁市一所民办高校任教的黄老师，职称为助教，每个月获得 1000 元的课时费。她说，同级的民办学校教师所获基本工资与公办学校差别不大。不过，在社会保险待遇上，民办学校教师和公办学校教师能享受的有所不同。梁旋在南宁市一所民办高校就读，她和其他公办学校的学生一样，乘坐火车时，可以以学生身份买到半价车票。同时，她也因学习成绩优秀，获得了国家奖学金。不过，梁旋觉得，自己在申请国家助学贷款时没有其他公办学校同学申请时那么便利，希望这点能够有所改善。

各省市努力促进民办教育发展的政策举措

　　在《民办教育促进法》这一法律框架内，全国各地在制定民办教育地方发展政策时进行了大胆探索。由于地方民办教育

自 2002 年以来，广东省中山市出台了一系列支持和促进民办教育事业发展的政策，以引导企业及社会力量办学，至 2009 年 2 月，该市民办中小学从最初的 5 家增加到 71 家（来源：新华社资料图片，新华社记者 周文杰 / 摄）

发展环境直接影响当地民办教育的发展，一些地方就民办教育健康发展面临的问题进行了政策创新，取得了重要经验。

上海、广东：提供直接财政资助的地方政策创新。2005—2007 年，上海市政府每年拿出 4000 万元资金专门用于扶持民办教育发展，2008 年增加到 8000 万元。广东从 2005 年起，每年拿出 3000 万元的民办教育专项资金，2009 年制定了《广东省民办教育专项资金管理暂行办法》。各地对民办教育提供财政资助的政策实践表明，《民办教育促进法》中关于"利用非国家财政性经费"的规定应理解为：对举办者设立民办学校时需要具备的法律要件的规定，并不是对民办学校运行过程中得到政府财政性经费的禁止性规范。各地对民办教育的扶持绝大多数都要通过财政性经费来体现，否则政府对民办教育的扶持政策大部分都将无法落实。③

黑龙江、昆明：破解奖励难题的地方政策创新。《黑龙江省人民政府关于促进民办教育发展的若干意见》规定："对于《中华人民共和国民办教育促进法》施行前滚动发展起来的民办学校，目前办学积累达到一定规模但没有明确出资比例的举办者，根据对学校发展贡献情况，经学校理事会或者董事会同意，审批机关核定，可以一次性给予举办者相当于学校净资产（扣除国有资产和社会捐赠部分）15% 的奖励，作为举办者的初始出资额。"《昆明市促进民办教育发展专项奖励暂行办法》规定，对民办学校和民办学校举办者实行三种类别的奖励政策：按照办学规模奖励，学前教育 300 人以上，高中学校 900 人以上，中等职业学校 1000 人以上就给予奖励；按照投入资金进行一次性奖励，如：投资新建民办普通高中或民办中等职业学校，总投资在 1000 万元人民币以上，或者投资新建民办幼儿园，总投资在 300 万元人民币以上的，均按 10% 的比例给予投资者奖励；按照办学水平进行一次性奖励，如：创建成市级示范幼儿园以上的奖励 20 万元人民币、创建成省二级高完中的普通高（完）中学校奖励 50 万元人民币、创建成省一级高完中的普通高（完）中学校奖励 60 万元人民币、创建成省级合格职业学校的中等职业学校奖励 60 万元人民币、创建成国家级合格职业学校的奖励 100 万元人民币。

湖南、宁波：教师保险问题的地方政策创新。民办学校教师养老保险问题是各地民办教育地方立法中最为关注的焦点之一。《湖南省人民政府关于促进民办教育发展的决定》规定："民办学校是民办事业单位，民办学校与公办学校具有同等的法律地位。"《宁波市民办教育促进条例》规定："实施学历教育和学前教育的民办学校，符合规定条件的，其聘用的具有中级以上专业技术职务的教师，可按规定参加事业养老保险。"其后的《关于贯彻实施〈宁波市民办教育促进条例〉的若干规定》规定："对全日制民办中小学和幼儿园为具有专业技术职务的教师按规定缴纳的社会保险费中学校承担部分，给予不少于 1/2 的补助。"上述措施大大增强了民办学校教师的社会保障利益。

江苏宿迁、河南邓州：促进民办教育发展的其他优惠政策。除了直接财政性经费支持以外，各地政府还结合本地民办教育发展需要出台了各种优惠政策。《宿迁市进一步加快民办教育发展的若干规定》规定："凡非义务阶段教育的公办学校，在扩大办学规模时，必须吸纳社会资本实行民营机制。义务阶段教育的公办学校，在扩大办学规模时，可采取'公办民助'、'公办民营'等形式，广泛吸纳各类资本，扩大办学资金来源。"河南邓州市也在土地征用、税收减免、教师身份、社会保障、财政资助等方面制定了扶持民办教育发展的具体政策。

总之，在民办教育发展中，凡是现行法律、法规没有明令禁止的，有利于满足人民群众日益增长的多样化教育需求的，都要大力支持，大胆尝试。《教育规划纲要》提出10个重大改革试点，其中之一是深化办学体制改革试点。2010年5月14日，教育部发布《关于组织申报国家教育体制改革试点的通知》提出：改善民办教育发展环境，清理并纠正歧视民办教育的政策和做法。相信在国家大力鼓励地方制度创新、积极探索解决民办教育发展中所面临实际问题的大背景下，我国民办教育一定会持续健康地向前发展。

★背景阅读

● 陶西平. 用两只手推动教育的发展——民办教育的新机遇、新挑战、新使命 [EB/OL]. (2011-02-27) [2011-10-08]. http://edu.qq.com/a/20110227/000013.htm.

● 鲁昕. 在中国民办教育发展大会上的讲话 [R].

● 张铁明. 解放思想：我国民办教育发展的阶段特征及未来发展的突破点 [J]. 教育发展研究，2009 (15/16).

---

① 国内为 2009 年统计数字，根据教育部 2010 年教育统计报告中民办教育数字计算得出；国外为 1999 年统计数字，引自季明明主编的《民办学校社会评估》（北京出版社，2008）。
② 沈剑光. 民办教育发展的战略转型与政策应对 [J]. 教育研究，2009 (9).
③ 吴华. 我国民办教育发展的地方政策主导模式分析 [J]. 教育发展研究，2009 (8).

9 《开明国语课本》为何受追捧

——谈中小学语文教材建设

典型事例

民国老课本受到家长热捧

最近，由上海科学技术文献出版社影印出版的 1932 年版《开明国语课本》引发了热议与热销。这套由叶圣陶主编、丰子恺配插图的《开明国语课本》，1949 年前共印了 40 多版次，现在又被许多家长买给孩子当课外书，以致市场全面脱销，连出版社也没货，网上甚至炒至 260 元一套。

赖女士想给女儿买一套，发现当当、卓越等网站都已卖断货了。最终，她在淘宝网上找到了存货，却贵得离谱，而且正版盗版很难区分，价格也参差不齐，低的三四十元，高的卖到数百元，有商家甚至公开出售电子版。而出版商却表示该书"只重印 5000 册，再有需求也会严格控制印数"，理由是要力挺现今的课本。

与《开明国语课本》同时受到热捧的还有 1917 年商务印书馆出版的《国语教科书》、20 世纪 30 年代世界书局出版的《国语读本》，它们都是上海科学技术文献出版社 2005 年重印的民国国语课本系列。

这些民国老课本之所以受追捧，主要是因为定位和目标都比较明确：即以母语教育为本，传递传统核心文化价值，吸收现代西方文明精髓及新式教育思想，将新的教育理念和传统文化精神有机融合。对学生不是训诫和管教，而是引导和培育；不以单一而强横的标准答案打击学生积极性，而是博纳多种价值、宽容各种思想，努力增强学生的自信。

相关链接

热评《开明国语教材》：老教材以孩子视角看世界　充满了爱和美①

　　在淘宝网页面上，不少买家都留下了对这本书的评价，其中大多数人认为，这本书适合给小学及学龄前阶段的孩子看。

　　"小小王"：我现在天天在睡前给儿子讲一点点，里面的内容非常好，许多胜于现在用的小学课本。有些文章，看后让人一笑，又不失儿童的天真，许多课文配有图片，丰子恺先生的配图，形象又生动，讲解内容时，配上图，儿童非常易理解。

　　"pipiwhy"：编者以孩子的视角看世界，认真地、循序渐进地教孩子如何学习，如何为人处世，充满了爱与美。

　　上海市小学语文教材主编在《开明国语课本》重印本序言中说："作为现行小学语文教材的编写者，我不禁对《开明国语课本》的编写者肃然起敬。开明课本均出自叶圣陶先生的手笔，有的是创作，有的是再创作。课本中的文字采用学生喜欢的手写体，全部由丰子恺先生亲笔书写。丰先生还给每一篇课文精心绘制了插图，插图不仅仅是文字的说明，而且起到了启发思考和想象的作用，图画与文字融为一体，相得益彰，使教材锦上添花。一个是大作家，一个是大画家，他们能为小学教材倾注这么大的精力，这在中外教材编写史上不说绝无仅有，恐怕也是很少见的。"

民国时期国语教材受家长、学者追捧引热议
（来源：CFP 资料图片）

　　然而，这些民国老课本再版 5 年后才受追捧也有其特殊原因：一是社会上对中小学语文教材质疑不断，尤其 2010 年"第一线"研究者对语文教材的批判起到了推波助澜的作用；二是中小学各科课程标准及其实验教材正处于修订阶段；三是在"国学热"背景下，大家纷纷想从传统教材中寻求借鉴。借此机会，出版社通过"产品结构定位的经营性思考"一举赢得了市场。

　　面对"老课本"的突然热销，出版方受宠若惊甚至忐忑不安，该社社长特致函《中国青年报》，发表了以下"不得不说"的声明：

相关链接

面对"老课本"突然热销不得不说②

　　没想到五年前出版的"老课本"突然受到热议和热销，而我却忐忑不安。

　　其实，不同时期学生课本的产生，都离不开具体的历史时间和特定的历史环境，也摆脱不了认识的局限。就此而言，其产生都有相对的合理性。用后来的认识去批评先前的产物，总是会有些许道理。

　　我们出版民国的"老课本"，纯粹是出于出版社产品结构定位的经营性思考。借鉴历史，看看过去，获得某些启示，是再正常不过的了。

　　教育从来都是国家意志的工具。新中国的教育，始终把培养有社会主义觉悟的新人作为方针。这就是新中国曾有的语文课本产生的合理依据。

　　正如我们的国家在探索发展中走过的道路一样，我们的语文课本也在吸取各种意见中不断修正、完善、与时俱进。

　　我们出版社从来没有对老课本的出版做过言过其实的宣传，更没有进行炒作，面对突然飞来的雪片般的订单，我却踌躇了。

　　出版社专门研究此事，宁可放弃这诱惑，也要力挺现今的语文课本。厚今薄古，才是我们现今存在的理由。

　　因此，只重印 5000 册，再有需求也会严格控制印数。这也是我们的一种态度。

○ 60 年来中小学语文教材建设取得了哪些成就

　　新中国成立以来，特别是改革开放之后，我国逐步构建了具有中国特色的基础教育课程教材体系，建立了教材编写审定和选用制度，形成了国家统一基本要求下的教材多样化格局。

2001 年新课改以来，经教育部核准、审定通过的义务教育教材共 21 个学科 207 种、普通高中 16 个学科共 68 种，目前这些教材在中小学普遍使用，受到广大师生的好评。2001 年，经国务院同意，教育部颁布了《中小学教材编写审定管理暂行办法》，规定中小学教材编写实行立项核准制，即教材编写者向教育部申请立项，经核准后方可编写教材。2010 年，教育部还成立了国家基础教育课程教材领导小组、国家基础教育课程教材专家咨询委员会和工作委员会。这两个委员会汇集了国家各学科领域的一流专家，为基础教育课程教材的发展提供科学决策、咨询、论证。这是课程教材管理制度的创新，将为今后课程发展、教材建设提供有力的保障。具体来说：

建立了教材编写审定和选用制度

中小学教材管理体制改革是基础教育课程改革的一项重要内容。由于我国幅员辽阔，经济文化发展很不平衡，基础教育的要求和内容应该因地制宜，有所不同。为此，中小学教材建设开始实行在国家统一基本要求下的多样化方针，即"一纲多本"政策。为了更好地执行这一政策，2001 年，经国务院同意，教育部颁布了《中小学教材编写审定管理暂行办法》，明确教材的编写审定，实行国务院教育行政部门和省级教育行政部门两级管理。国务院教育行政部门负责国家课程教材的编写和审定管理，省级教育行政部门负责地方课程教材的编写和审定管理。

相关链接

中小学教材审定原则①

（一）符合国家的有关法律、法规和政策，贯彻党的教育方针，体现教育要面向现代化、面向世界、面向未来的要求。（二）体现基础教育的性质、任务和培养目标，符合国家颁布的中小学课程方案和学科课程标准的各项要求。（三）符合学生身心发展的规律，联系学生的生活经验，反映社会、科技发展的趋势，具有自己的风格和特色。（四）符合国家有关部门颁发的技术质量标准。

实施新课程后，教育部还探索建立并完善了中小学教材选用制度。各地成立由专家学者、教学研究人员、一线教师和家长代表组成的教材选用委员会，通过民主程序，选择符合当地教学实际需要的高质量教材。同时进一步加强省级教育行政部门对教材选用和政府采购工作的统筹领导，强调中小学教材的政府采购要在各地教材选用的基础上进行，要综合考虑教材质量、适用性、价格等因素。各新闻出版部门还不断深化中小学教材发行体制改革，打破了教材发行垄断，在充分发挥国有出版物发行企业主渠道作用的同时，积极引入竞争机制，培育多元竞争主体，降低发行费率，减轻学生负担，为广大中小学教师和学生提供优质教材发行服务。

相关链接

中小学教材审定标准®

一、教材内容

1.体现基础教育的性质、任务和学科的教学目标。

2.符合教学计划、教学大纲所规定的各项要求。在达到教学大纲基本要求的前提下，可以编写不同风格、不同程度的教材，以适应不同地区、不同学校的需要。

3.具有思想性。结合教材内容对学生进行辩证唯物主义和历史唯物主义教育、爱国主义和国际主义教育、共产主义理想的启蒙教育和良好的道德、品格、意志教育。

4.具有科学性。观点要正确，材料、数据要符合事实。

5.符合我国国情，体现时代精神。根据学生所能接受的程度，适当反映现代科学技术的新发展。

6.要从学生所熟悉的环境和事物出发，做到理论与实际相联系。并注意结合基础知识、基本训练以及实验等实践活动培养学生分析和解决实际问题的能力。

二、教材体系

1.符合儿童、青少年身心发展规律。按照不同年龄阶段学生的生理和心理特点，建立适合学生学习的知识体系。

2.要使学生的认知规律和学科的知识结构结合起来，安排教学内容的顺序、层次和逻辑关系，建立本学科的教学结构。

3.有利于实现各学科的教学目标。使学生在获取和掌握知识的过程中，促进智力的发展，形成良好的思想、情感、意志和品格，养成科学的态度和方法。

4.注重本学科各部分内容间的相互衔接和与其他学科内容间的联系。

……

教材建设从"一纲一本"走向"一纲多本"

1988年8月21日，原国家教委颁布了《九年制义务教育教材编写规划方案》，委托人民教育出版社等10多家单位和地区，筹备、组织编写以下四种类型的教材：面向全国大多数地区，适合一般学校使用的"六三"制教材；面向全国大多数地区，适合一般学校使用的"五四"制教材；面向经济比较发达的地区，适合办学条件较好学校使用的教材；面向经济文化基础比较薄弱的边远地区、农牧地区和山区学校使用的教材。

"八套半"教材一览表

编写单位	教材类型	适用地区
人民教育出版社	六三制教材	全国
人民教育出版社	五四制教材	全国
北京师范大学	五四制教材	全国
广东省教育厅、华南师范大学	沿海版教材	沿海地区
四川省教委、西南师范大学	内地版教材	内地
河北省教育科学研究所	农村复式教材	全国复式学校
上海市教育局	发达城市教材	上海市
浙江省教委	综合课教材	浙江省
八所高师院校出版社	（因故未出版）	

之后，按照计划，在全国范围内逐步形成了八套九年义务教育教材和一套小学复式教学教材的建设体系。复式教材由于没有初中部分，被视为"半套"。这也就是俗称"八套半"教材，以供不同地区、不同条件的学校使用，受到了广大教育工作者的肯定，也体现了教材建设与改革的初衷。1990年审定通过供各地中小学选用。这就是我国中小学教材建设多样化发展的开端，适应了当时我国经济发展和各地教育发展的需要，促进了基础教育教学质量的普遍提高。

相关链接

新中国各版中小学语文教材

1951年秋，由人民教育出版社重新编写或修订的中小学教材出版，在全国正式使用。这是人民教育出版社编辑出版的第一套全国通用小学语文教材。

1956年秋，人民教育出版社编写的第二套小学课本出版，1958年"大跃进"之后，在"教育大革命"的影响下，有关部门停止了这套教材的使用。

1961年秋，人民教育出版社新编的十年制中小学教材开始面向全国供应。这是人教版第三套全国通用的中小学教材。此后，人民教育出版社开始进行十二年制教材的研究、准备工作。1963年秋，新编各科课本的第一册在全国正式供应。这是人教版第四套全国通用的中小学教材。

1977年，教育部决定以十年制为中小学的基本学制。1978年秋，中小学各科课本的第一册同时在全国供应。这是人教版第五套全国通用的中小学教材。

1982年秋，人民教育出版社编写出版的十二年制中小学教科书开始向全国供应。这是人教版第六套全国通用的中小学教材。

1987年秋，人民教育出版社根据新颁布的教学大纲，对中小学教材进行全面修订、改编后开始陆续出版。这是人教版第七套全国通用的中小学教材。

1986年7月1日，《中华人民共和国义务教育法》施行。1988年国家教委据此制定颁布了九年义务教育阶段各科教学大纲初审稿。1990年秋季，人民教育出版社编写的九年义务教育实验教材出版。这是人教版第八套全国通用的中小学教材。

1992年8月，国家教委发布九年义务教育小学和初中共24科教学大纲（试用）。1993年秋，人民教育出版社按照新大纲重新编写九年义务教育小学教科书，开始供应全国。这是人教版第九套全国通用的中小学教材，前后共使用了十几年。

2001年1月，教育部发布《关于启动国家基础教育课程改革实验工作的通知》，全国的基础教育开始实行"课程改革"。此后，国家放开了教材的编写权，各地可以选用不同的教材。

现行的人教版小学语文教材被称为"义务教育课程标准实验教科书"，这也是人教社编辑出版的第十套教材。目前，全国审定通过的语文课标教材，小学共12种，初中8种，高中6种。

进入新世纪，随着我国教育事业的快速发展，义务教育的基本普及，教育规模的不断扩大，对深化改革、实施素质教育提出了更高的要求；面对经济全球化，知识经济的挑战和综合国力的竞争，教育的改革和发展普遍成为各国政府关注的重点。1999年《中共中央国务院关于深化教育改革　全面推进素质教育的决定》中明确提出要调整和改革课程的内容和结构，建立新的课程体系。2001 年，国务院再一次强调要加快符合素质教育要求的基础教育课程体系建设，我国新一轮课程改革正式启动。

我国现有 12 套小学语文课程标准教材

主编	出版社
1. 崔峦	人民教育出版社
2. 郭预衡	中华书局
3. 张翼健	长春出版社
4. 马新国 / 郑国民	北京师范大学出版社
5. 张庆	江苏教育出版社
6. 董小玉	西南师范大学出版社
7. 高雅贤 / 陶月华	河北教育出版社
8. 王均 / 杨曙望	语文出版社
9. 史习江 / 李守业	语文出版社
10. 吴景岚	教育科学出版社
11. 王先霈 / 许国英	湖北教育出版社
12. 杨再隋 / 曾国伟	湖南教育出版社

○ 现行中小学语文教材为何常惹争议

与《开明国语课本》等受追捧形成对比的是，现行中小学语文教材常惹争议或被"挑刺"，如，继"鲁迅大撤退"风波之后，又被批存"四大缺失"，等等。

争议一：鲁迅是否"大撤退"

高中进入新课改后，课程结构发生了重大变化，反映在教材上，就是分为必修教材和选修教材。比如苏教版，必修教材有 5 本，配发 5 本读本；选修教材有 16 本，配发 16 本读本。其中，必修部分一般是教材、读本统一配发，统一使用；读本一般提供给学生课后研读和拓展使用，并不强求全部掌握；选修部分各地各校自选。对于教材来说，必修和选修是相辅相成的。

鲁迅经典作品并非"大撤退"（来源：CFP 资料图片）

　　按规定，课改后高中语文必修阶段的教学时间只有五个模块，一共只有 5 个学段，而不是此前的 3 年 6 个学期或者说 12 个学段（一学年四个学段），因此这一阶段的教科书必须适当减少篇数，压缩内容，把一部分优秀作品调整到选修阶段去学习，或是移入读本中安排学生阅读。比如，苏教版高中语文选修教科书《鲁迅作品选读》就是为选修课程编写的，学生通过 36 课时学习、研读鲁迅作品，通过检测获得学分。可见，鲁迅等作家的经典篇目在必修课中的减少，是由于课程结构变化与课时减少决定的，并非"大撤退"。

相关链接

教育部回应教材删减经典：新课改语文教材篇目基本无变化[⑤]

　　日前，有媒体报道中学语文教材删除了多篇鲁迅作品。记者就此向教育部有关部门了解了相关情况，教育部昨日向本报作出了书面答复。教育部有关负责人表示，目前有北师大出版社、山东人民出版社、广东教育出版社、江苏教育出版社、语文出版社、人民教育出版社 6 家出版社负责高中语文课标实验教材的出版。经教育部核实，只有广东教育出版社从适合学生写作参考和提高选文思想性出发，对五个必修模块做了微调，其中将鲁迅的《药》更换为《祝福》。

2010年秋各地语文课本删除文章

《孔雀东南飞》《药》《阿Q正传》
《纪念刘和珍君》《雷雨》《背影》
《狼牙山五壮士》《鲁提辖拳打镇关西》
《朱德的扁担》等

人教版语文教材新增文章

现代文

反映"神舟六号"飞船升空的
《飞向太空的航程》

呼唤奉献精神的
《寻找时传祥——重访精神高原》

反映香港回归的通讯报道
《别了，不列颠尼亚》等

散文
巴金的《小狗包弟》等

古代诗文
柳永的《望海潮》
杜甫的《咏怀古迹》
辛弃疾的《水龙吟》
李商隐的《李贺小传》等

小说
余华的《十八岁出门远行》等

别担心，经典还在（来源：CFP 资料图片）

争议二："四大缺失"是耶非耶

"四大缺失"即指经典的缺失、儿童视角的缺失、快乐的缺失和事实的缺失。这是"第一线"研究团队对现行小学语文课标教材进行考察后得出的结论。该团队表示："我们撰写这份报告，其实就是为了引起教育界更多人对小学语文教材的关注。不论是赞同还是批评，我们都把它看做是一种进步，毕竟在过去，对权威的教材进行颠覆性的批判是不可想象的。我们并非说我们的观点全部正确，而是要通过我们的努力让小学的教育有更良性的发展。"该团队也承认,"跟 20 多年前的小学教材相比,现行小学教材从观念到文本各方面都有了明显进步。"

相关链接

教育部回应"民国小学教材受追捧",称今年国家将启动新一轮义务教育阶段教材修订工作⑥

在回答有关民国时期的《开明国语课本》等教材很受家长和孩子重视的问题时,教育部新闻发言人续梅表示,中小学教材是学校教育教学的主要依据,体现国家意志,传承民族精神和民族文化传统,在学校教育中发挥着重要作用。

续梅在发布会上表示,教育部对教材的建设始终非常重视。教育部 2009 年曾在 24 个省对 27 万学生、1 万多名教师进行调查,了解义务教育阶段教材使用情况。调查结果显示,现行教材普遍受到师生喜爱。

续梅进一步表示,教科书的编写与评价工作是一项专业性、学术性较强的工作,尤其是对教科书的评价是一项系统工程,既要了解、把握教育发展的时代要求、时代特征,还要依据学生认知发展规律和年龄特征,进而对整套教材编写思想、体系、结构进行科学评价,对某篇文章、某个章节、某个知识点的科学性、适宜性的评定要置于整个体系中予以评价。根据教育部的工作安排,今年将要全面启动义务教育教材修订工作,并将要求各教材主编在教材修订过程中认真研究各方意见。

还有很多人对《朱德的扁担》《狼牙山五壮士》等文章被调整大感意外。其实,这些文章在个别版本里没被选入,并不是从思想性上否定他们,这种英雄主义精神、爱国精神,永远是有价值的,只是这些版本选用了其他内容的革命传统篇目。

现行教材为何常惹争议

由于"语文"一词一直没有"科学定义",有人把"语文"解释为"语言"、"文字",有人解释为"语言"、"文学"……语文因此成了一个综合概念,文字、文学、文章、文化、语言、修辞、逻辑和创作等,都统统归到语文名下,语文承载着复杂多样的任务,由于人们对语文学科所包含的内容持有不同见解,因而常常听到不同声音,乃至发生争论。

此外,语文是人人"皆懂"的学科,自然被评价、被议论的机会就多,且仁者见仁、智者见智,观点、看法纷繁。

语文往往见仁见智，《鲁提辖拳打镇关西》一文引发网上激烈争论，并成为语文教材选文标准大讨论的导火索（来源：CFP 资料图片）

○ 如何加强中小学语文教材建设

《开明国语课本》之所以大受追捧，正是遵循了以儿童为本，以学科能力和智力发展为导向，密切与生活和其他学科的联系，着眼于文化传承和社会发展，注重创作与再创作等语文教材编写原则。这也是未来中小学语文教材建设必须遵循的基本原则。

以儿童为本

叶圣陶曾说："我想我们不能深入儿童的心，又不能记忆自己童时的心，真是莫大憾事。儿童初入世界，一切于他们都是新鲜而奇异，他们必定有种种想象，和成人绝对不同的想象……文艺家于此等处若能深深体会，写入篇章，这是何等美妙。"丰子恺也曾说："人间最有灵性的是孩子。"可见，叶圣陶和丰子恺都持有儿童本位观，而且，他们都把这种理念投射到

《开明国语课本》的编写工作中，从培养合格公民出发，以孩子的视角看世界，所以编出了符合儿童年龄特点和心理发展规律的生动教材。

以学科能力和智力发展为导向

叶圣陶曾说："给孩子们编写语文课本，当然要着眼于培养他们的阅读能力和写作能力，因而教材必须符合语文训练的规律和程序。但是这还不够。小学生是儿童，他们的语文课本必是儿童文学，才能引起他们的兴趣，使他们乐于阅读，从而发展他们多方面的智慧。当时我编这一部国语课本，就是这样想的。"

密切与生活和其他学科的联系

正如《开明国语课本》编辑要旨所言，编写语文教材要"以儿童生活为中心，取材从儿童周围开始，由家庭、学校逐步扩展到社会，同时与卫生、音乐、美术、自然、劳作等学科有充分的联系。"

着眼于文化传承和社会发展

《开明国语课本》以母语教育为本，将新的教育理念和传统文化精神有机融合；不仅着眼于传承传统的核心价值，而且容纳了世界上最新的人道主义思想；对学生不是训诫和管教，而是引导和培育；不是以单一的标准答案打击学生的积极性，而是博纳多种价值、宽容各种思想，在国家仍然积弱时努力增强学生的自信、弘扬民族优秀文化传统。

重视创作与再创作

叶圣陶曾说："在 1932 年，我花了整整一年时间，编写了一部《开明小学国语课本》，初小八册，高小四册，一共 12 册，400 来篇课文。这 400 来篇课文，形式和内容都很庞杂，大约有一半可以说是创作，另外一半是有所依据的再创作，总之没有一篇是现成的，是抄来的。"可见其编写教材非常注重创作与再创作。

未来语文教材建设不仅要遵循上述基本原则，更要与时俱进，落实教材政策，严格遵守 1987 年颁布、1996 年修订后重新印发的《全国中小学教材审定委员会工作章程》，切实执行"中小学教材审定原则"及"中小学教材审定标准"，着重解决以下问题：

加强有关教材统一性和多样性的认识

教材统一性体现在各科课程标准规定的统一要求上。教材多样性体现在根据统一的课程标准，教材可以有不同程度、不同体系和不同风格。在教材的结构上，根据教材的实际需要还可编写与之配套的音像教材、习题集、练习册、实验册、教学挂图，还应有教师使用的教学参考书和工具书等。考核教学质量要以课程标准为依据，不能以某套教材为依据。

关于教材多样化，还必须正确理解：（1）多样化≠数量化。不是数量多、品种多就是多样化。多样化的本质在于特色、在于层次、在于质量、在于效益。那种以垄断本地市场为目的的低水平的重复投资、重复建设，甚至拼凑抄袭，绝不是真正意义上的多样化，应当制止。（2）多样化≠地方化，不应以地方教材来排斥课标教材、省外优秀教材进入本地市场。不应导致不论质量如何，一概由本地教材独占一方的局面。中小学教材的发展趋势，不应从"大一统"走向"小一统"。（3）多样化≠商品化。中小学教材虽然是产品、商品，但是是特殊的产品、商品，其特殊性在于必须体现国家意志，无论从研究编写到审查，到出版、印

追求经济利益并不能促进教材多样化，反而会走上错误方向（来源：CFP 资料图片）

刷，到发行、选用，都必须体现这个原则。如果抛弃这个最根本的原则，单纯为经济利益所驱动，不管教材质量如何，不可避免地会走错方向。

加强教材理论研究与教学试验

编写教材一定要加强理论研究，要认真总结新中国成立以来教材建设的经验教训，还要从我国国情出发，研究国外教材建设的经验。要进行中小学生生理和心理发展规律的研究，中小学生认知规律的研究，全国中小学教材的比较研究等，使中小学生教材的编写建立在科学的基础上。检验教材的优劣，必须通过教学试验，要科学地进行教学试验和教材质量的评估。要加强中小学教材试验的领导。

建立健全教材质量监管制度

首先，要完善并贯彻落实教材编写审定制度。各省、市或教育科研单位，编写全国通用教材，要经全国中小学教材审定委员会审定后向全国推荐，由学校选用。乡土教材以及本地区补充教材，由地方编写，省、自治区、直辖市中小学教材审查委员会审查通过后，在本地区推荐使用。

其次，建立健全教材质量监管制度。改革并非一蹴而就，每一次调整都是对教育的反思和促进。2010年颁布的《教育规划纲要》有关义务教育发展任务中，就明确提出，要调整教材内容，科学设计课程难度。在有关体制改革中也强调，要适应经济社会发展和科技进步的要求，推进课程改革，加强教材建设，建立健全教材质量监管制度。

教育部基础教育司2011年度的工作重点之一，即完善课程教材体系，推进实施素质教育。具体部署如下：正式颁布修订后的义务教育课程方案和各学科课程标准，做好课程标准的解读和宣传工作；全面启动义务教育阶段教材修订工作，制定教材修订送审办法，部署修订送审工作；研究制定中小学教材选用管理办法，开展教材选用工作的调研，加强教材管理规章建设；探索建立教材质量监管体系，大力推进中小学教材电子管理平台建设等，这些措施都是促进中小学教材建设与改革健康发展的有力保障。

★背景阅读

● 杜玉波，鲁昕，王立英，李卫红，杜占元，郝平，刘利民. 在2011 年全国教育工作会议上的讲话 [R]. 2011-01-24.

● 朱自强.《开明国语课本》能否拯救今日小学语文教材 [N]. 中国教育报，2011-02-17.

● 卢荻秋. 民国教材热销为何让出版方忐忑不安？[N]. 中国青年报，2010-12-09.

● 课程教材研究所. 新中国中小学教材建设史（1949—2000）研究丛书：语文（中小学卷）[M]. 北京：人民教育出版社，2010.

● 叶圣陶. 开明国语课本 [M]. 丰子恺，绘. 上海：上海科学技术文献出版社，2005.

---

① 宋晓珊. 78 年前的课本重印后太抢手　网上价格翻十倍 [N/OL]. 河南商报，2010-12-07（A15）. [2011-10-12].http://newpaper.dahe.cn/hnsb/html/2010-12/07/content_430642.htm.
② 赵炬. 面对"老课本"突然热销不得不说 [N]. 中国青年报，2010-12-08（9）.
③ 中华人民共和国教育部. 中华人民共和国教育部令（第 11 号）：中小学教材编写审定管理暂行办法 [EB/OL]. (2001-06-07) [2011-11-02].http://www.gov.cn/gongbao/content/2002/content_61381.htm.
④ 国家教育委员会. 中小学教材审定标准（〔87〕教中小材字 006 号）. 1987-10-10.
⑤ 黄茜，伍仞，徐静. 教育部：全国新课改教材篇目基本无变化　仅广东五个必修模块微调——广东版：鲁迅《祝福》替换《药》[N]. 广州日报，2010-09-10（A10）.
⑥ 郭少峰. 中小学教材将启动修订——教育部回应"民国小学教材受追捧"，称应全面科学评价现行教材 [N]. 新京报，2010-12-29（A24）.

10 小兵到哪里上学
——谈特殊教育发展

典型事例 1

　　小兵今年 7 岁，家住在一个小县城里。小兵和其他小朋友有些不一样，他各方面都显得有些笨拙。小兵妈妈说，小兵是一个智力有障碍的孩子。过了暑假，小兵就到了上小学的年龄，爸爸妈妈现在很发愁：他们家住的县城里，没有特殊教育学校，那么小兵可以到哪儿去上学呢？

典型事例 2

姚基金在中国联合捐助的第一所特殊教育学校落成①

　　2011 年 6 月 10 日，甘肃"酒泉纳什—姚基金特殊教育学校"正式落成，姚明出席了落成仪式。该所学校是由甘肃酒泉市政府、肃州区政府、上海特殊关爱基金会携手姚基金和甘肃省青少年发展基金会共同出资建立的，也是姚基金目前在中国联合捐助的第一所特殊教育学校。该校目前共有聋童和智力障碍儿童 60 名。

　　小兵可以到哪儿去上学？这实际上涉及我国为残疾儿童提供的教育服务问题，即特殊教育问题。党和政府历来重视特殊教育的发展，2007 年，党的十七大报告提出"关心特殊教育"。2010 年颁布的《国家中长期教育改革和发展规划纲要（2010—2020 年）》，更是从关心和支持特殊教育、完善特殊教育体系、健全特殊教育保障机制等三方面为特殊教育事业的发展指明了方向，提出到 2020 年，基本实现市（地）和 30 万人口以上、残疾儿童少年较多的县（市）都有一所特殊教育学校。2011 年，甘肃"酒泉纳什—姚基金特殊教育学校"的正式落成，正是加强特殊教育学校建设的实际行动。

那么，到底什么是特殊教育？为何要重视特殊教育？我国特殊教育的发展状况如何？为何要新建和改扩建特殊教育学校？国家今后将如何进一步发展特殊教育？

○ 什么是特殊教育

目前我国的特殊教育面向哪些孩子

特殊教育是对特殊儿童、青少年实施的教育，在教育过程中，需要使用一般的或特别设计的课程、教材、教法、组织形式和设备。特殊教育的对象有广义和狭义之分。广义的特殊教育对象主要是指正常发展的普通儿童之外的各类儿童，也称为有特殊教育需要的儿童和青少年；狭义的特殊教育对象则指的是生理或心理发展有缺陷的残疾儿童和青少年。目前，我国特殊教育的主要对象是有视力残疾、听力残疾、言语残疾、肢体残疾、智力残疾、精神残疾、多重残疾和其他残疾的儿童、青少年。

相关链接

《国家中长期教育改革和发展规划纲要（2010—2020 年）》第十章"特殊教育"

（二十八）关心和支持特殊教育。特殊教育是促进残疾人全面发展、帮助残疾人更好地融入社会的基本途径。……加强残疾学生职业技能和就业能力培养。（二十九）完善特殊教育体系。到 2020 年，基本实现市（地）和 30 万人口以上、残疾儿童少年较多的县（市）都有一所特殊教育学校。各级各类学校要积极创造条件接收残疾人入学，不断扩大随班就读和普通学校特教班规模。全面提高残疾儿童少年义务教育普及水平，加快发展残疾人高中阶段教育，大力推进残疾人职业教育，重视发展残疾人高等教育。因地制宜发展残疾儿童学前教育。（三十）健全特殊教育保障机制。国家制定特殊教育学校基本办学标准，地方政府制定学生人均公用经费标准。加大对特殊教育的投入力度。……逐步实施残疾学生高中阶段免费教育。

特殊教育有哪些形式

改革开放以来，我国特殊教育逐步形成了以随班就读和特教班为主体，以特殊教育学校为骨干，以送教上门等其他方式为补充的残疾儿童、少年义务教育发展的格局。特殊教育的形式主要有三种。

一是特殊教育学校。特殊教育学校是专门招收残疾儿童、青少年就读的学校。我国特殊教育学校主要有四种类型，一类是以招收视力残疾儿童为主的盲校，一类是以招收听力残疾儿童为主的聋校，一类是以招收智力残疾儿童为主的培智学校，还有一类是招收各种残疾儿童的综合性特殊教育学校。

二是随班就读和普通学校附设的特殊教育班（简称"特教班"，也称"辅读班"）。残疾孩子在普通学校读书有两种方式，一种叫"随班就读"，即残疾孩子和普通孩子一起在普通班级里读书；另一种是在特教班中就读，即在普通学校内特别设置一些特殊教育班级，专门招收残疾学生读书。目前，义务教育阶段的残疾学生中有63%左右在普通学校就读。

三是送教上门及其他特殊教育形式。"送教上门"主要是针对某些重度残疾的适龄儿童、少年，因其身体原因难以离开家，无法到校上学，于是一些特殊教育学校、残联等机构组织专门教师或康复专家，定期到残疾儿童家中开展上门教育与康复指导活动。

相关链接

接受义务教育的特殊儿童有多少？

根据教育部2009年发布的《全国教育事业发展统计公报》，我国共有特殊教育学校1672所；在校残疾儿童42.81万人。其中，在盲人学校就读的学生4.84万人，在聋人学校就读的学生11.51万人，在培智学校及特教班就读的学生26.46万人。在普通学校随班就读和在附设特教班就读的残疾儿童招生数和在校生数分别占特殊教育招生总数和在校生总数的65.23%和62.87%。

○ 为什么要发展特殊教育

接受特殊教育是残疾人生存与发展的基本权利

我国《宪法》第 45 条规定"国家和社会帮助安排盲、聋、哑和其他有残疾的公民的劳动、生活和教育"。我国《残疾人保障法》第 21 条规定"国家保障残疾人享有平等接受教育的权利。各级人民政府应当将残疾人教育作为国家教育事业的组成部分，统一规划，加强领导，为残疾人接受教育创造条件。政府、社会、学校应当采取有效措施，解决残疾儿童、少年就学存在的实际困难，帮助其完成义务教育。各级人民政府对接受义务教育的残疾学生、贫困残疾人家庭的学生提供免费教科书，并给予寄宿生活费等费用补助；对接受义务教育以外其他教育的残疾学生、贫困残疾人家庭的学生按照国家有关规定给予资助"。此外，从残疾人自身生存与发展来看，只有接受教育，才能不断提高残疾人的文化素质，促进残疾人的身心康复，从而有利于残疾人获得一技之长，谋生就业，融入社会，提高生活质量。

发展特殊教育是促进社会公平与构建和谐社会的战略举措

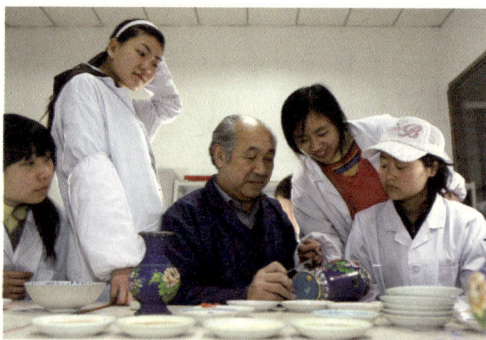

北京盛贸鑫景泰蓝厂，几位特教学院毕业生正在跟工艺大师王瑞瑜学习传统技艺。该厂经理说特教学院学生有灵气、肯钻研，今后特教毕业生将是他们厂招聘首选目标（来源：CFP 资料图片）

我国要建设的社会主义和谐社会，应该是民主法治、公平正义、诚信友爱、充满活力、安定有序、人与自然和谐相处的社会。2008 年国家颁布的《中共中央国务院关于促进残疾人事业发展的意见》指出，发展残疾人的特殊教育事业，有利于维护残疾人的受教育权益，促进社会公平正义的发展；有利于调动残疾人的积极性、主动性和创造性，发挥残疾人在促进改革发展稳定中的重要作用；有利于促进我国人权事业全面发展，体现社会主义制度的优越性。

发展特殊教育可以减轻家庭、社会负担并促进社会发展

残疾人是一个数量众多、特性突出、特别需要帮助的社会群体。我国现有 8300 多万残疾人，涉及 2.6 亿家庭人口，其中，0 至 14 岁的残疾儿童约为 387 万。尽管我国残疾人教育事业取得了举世瞩目的成就，但是，残疾人事业基础还比较薄弱，残疾人在基本生活、医疗卫生、康复、教育、就业、社会参与等方面还存在许多困难，总体生活状况与社会平均水平存在较大差距。只有大力发展残疾人教育事业，才能提高残疾人口的综合素质，提高残疾人的就业能力与生存能力，使残疾人自食其力，减轻其家庭负担，进而减轻社会负担。残疾人就业之后，同样能创造精神财富与物质财富，促进社会发展。

○ 残疾人受教育现状如何

义务教育权利日益得到保障

新中国成立以来，特别是改革开放以来，我国特殊教育学校数量不断增加。根据教育部统计数字，1953 年全国仅有盲聋哑学校 64 所，到 1978 年，全国共有特殊教育学校（当时仅包括盲聋哑学校，还未设立培智学校）292 所。改革开放以来，培智教育得到发展，特殊教育学校数量也迅速增加。据统计，2010 年，全国的盲、聋、培智学校以及综合性特殊教育学校发展到了 1705 所。

除了特殊教育学校数量增加外，随班就读规模也在不断扩大。1988 年，在第一次全国特殊教育工作会议上，国家将随班

就读正式作为发展特殊教育的一项政策。1994 年，原国家教委印发了《关于开展残疾儿童少年随班就读工作的试行办法》，大力推行随班就读，这一政策的贯彻与落实使更多残疾儿童的义务教育得到了保障。据统计，2009 年小学随班就读在校生人数为 18.76 万人，普通（职业）初中随班就读在校生人数为 7.69 万人。

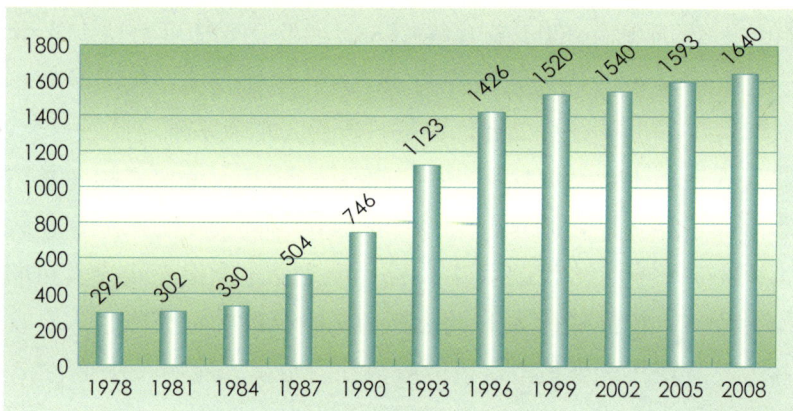

特殊教育学校数量发展状况（单位：所）
注：从 1978 年起，选用每隔 3 年的数据进行统计。（数据来源：中国历年教育年鉴）

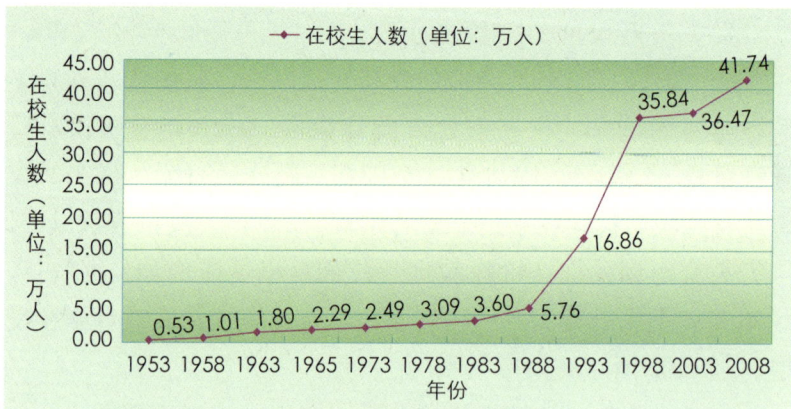

残疾儿童少年在校生人数状况
注：从 1953 年起，选用每隔 5 年的数据进行统计。（数据来源：中国历年教育年鉴）

从入学人数来看，20 世纪 80 年代以来，残疾儿童入学人数、毕业生人数和在校生人数不断增长。尤其是 90 年代大力推广随班就读政策之后，残疾儿童入学人数、在校生人数和毕业生人数迅速增加。

两端延伸初见成效

"两端"指的是早期教育和义务教育阶段后教育。20 世纪 80 年代，我国就实行了对残疾幼儿的早期发现、早期诊断矫治、早期训练教育的"三早"工作。目前，我国各级残联举办了 1300 所聋儿学前康复教育机构，2000 多所省、市、县三级学前康复教育机构。

残疾人高中和中等职业教育不断发展。2010 年，我国已开办特殊教育普通高中 99 所，在校生 6067 人。其中，聋人高中 84 所，在校生 5284 人；盲人高中 15 所，在校生 783 人。残疾人中等职业教育机构有 147 个，在校生 11506 人，毕业生 6148 人，其中获得职业资格证书 4685 人。残疾人高中教育的不断发展，进一步提高了残疾人的就业能力，并为残疾人高等教育的发展奠定了基础。与此同时，残疾人中等职业教育机构也迅速发展。其中，残联系统 10 所中等职业学校年招生 1000 多人，在校生近 4000 人，成为特殊职业教育一支特殊的力量，成为许多残疾学生实现就业梦想的重要途径。

特殊教育高中数量发展状况（单位：所）

年份	特殊教育高中	盲人高中	聋人高中
2001	18	6	12
2004	53	12	41
2007	83	15	68
2010	99	15	84

（数据来源：中国残疾人联合会网站）

在高等教育方面，自 1985 年山东滨州医学院医疗二系开始最早招收残疾大学生以来，目前全国有十几所专门招收残疾大学生的高等院校，其中有本科院校，也有专科院校。2010 年全国有 7674 名残疾人被普通高等院校录取，1057 名残疾人进入特殊教育学院学习。

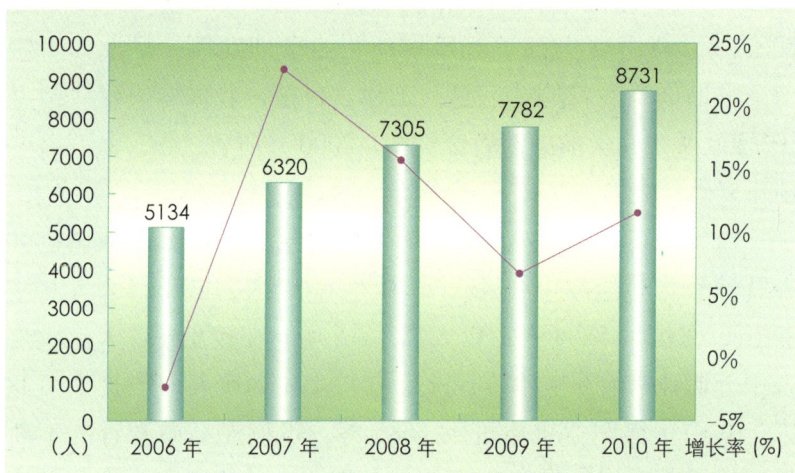

"十一五"期间全国高等院校录取残疾考生情况（来源：中国残疾人联合会网站）

在职业培训方面，2010 年，全国省（自治区、直辖市）、市（地、州）、县（区、市）三级残联举办残疾人职业教育与培训机构达 2504 个，接受残疾人职业培训任务的普通机构有 2200 个，83.3 万人次接受了职业教育与培训，并有 11.6 万人次获得了职业资格证书。2010 年度培训盲人医疗按摩人员 5271 名；保健按摩机构达到 1152 个，医疗按摩机构达到 11616 个；在专业技术职务资格评审中，分别有 421 人和 1680 人通过医疗按摩人员中级和初级职称评审。此外，为推动残疾人就业工作的开展，目前，国家已举行了四届全国残疾人职业技能竞赛。2011 年 6 月 11—12 日，第四届全国残疾人职业技能竞赛在南京举行，来自全国 33 个代表队的 788 名肢体残疾人、视力和听力言语残疾人选手聚集赛场，参加计算机、工艺美术、服装、手工制作等 5 大类 30 个项目的比赛，展示自强自立的精神风貌。在本次大赛中，30 名选手获得了"全国技术能手"称号，252 名残疾人选手获得了竞赛个人奖项。

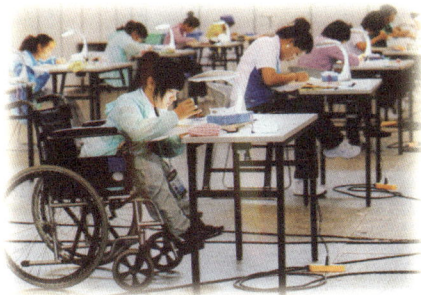

第四届全国残疾人职业技能竞赛在南京举行，图为残疾人选手在进行刺绣项目的比赛（来源：新华社资料图片，新华社记者 孙参 / 摄）

○ 特殊教育面临的主要挑战是什么

特殊教育学校数量不足，分布不均

尽管特殊教育学校数量逐年增加，但当前仍面临着总量不足、分布不均、无法满足学生入学需求的问题。此外，调查表明，特殊教育学校发展中突出的问题之一是特殊教育学校经费与资源匮乏，特殊教育学校的办学条件总体较差，且地区差异大，不能满足特殊教育发展需求。

教师队伍数量不足，专业化程度有待提高

特殊教育教师队伍的数量与水平，直接影响着特殊教育的质量。改革开放以来，虽然特殊教育专任教师数量不断增长，但仍然严重不足。随着特殊教育学校的大量兴建、扩建，随着随班就读规模的不断扩大，对于特殊教育教师的需求会更大。此外，教师中专科学历占到一半以上，而且受过专业培训的教师也只有一半。这也反映出我国特殊教育的质量不容乐观。

特殊教育办学体系不够完善

与义务教育阶段的特殊教育发展相比，学前、高中、高等教育阶段的特殊教育发展存在很大差距。例如，特殊教育高中

学校数量不多，且仅限于盲、聋两类学校，不能满足学生需求。又如，高等教育阶段，进入高校的残疾人很少；残疾类别主要局限于盲、聋、肢残三类；层次较低；专业及课程设置单一；"双师型"师资队伍缺乏等。因此，亟须加大对残疾人高等教育的规划、管理、投入；进一步完善国家招收残疾考生政策；扩大招生规模，拓宽专业设置，提高办学层次；加强师资队伍培养，加强残疾人高等教育研究，推进残疾人高等教育的发展，更多更好地满足残疾人的高等教育需求，促进残疾人就业。

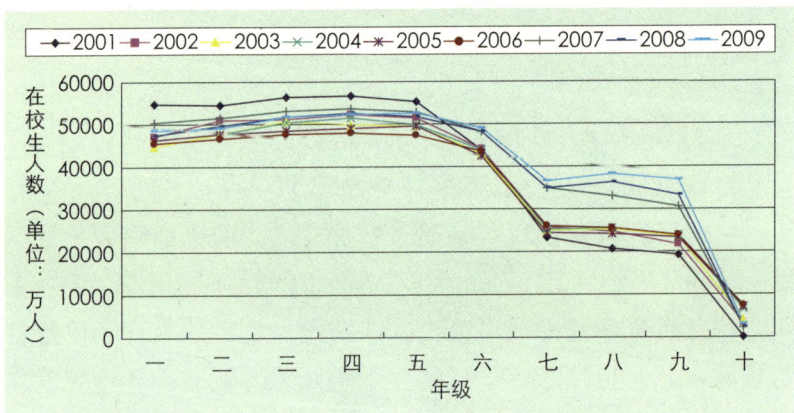

不同年级特殊儿童在校生人数比较（数据来源：教育部网站历年统计数据）

○ 如何更好地发展特殊教育

强化政策支持与保障

随着《宪法》《义务教育法》《残疾人保障法》《残疾人教育条例》等一系列法律法规的颁布与实施，我国特殊教育事业逐步走上了有法可依和依法治教的轨道。进入 21 世纪，2006 年新修订的《义务教育法》五处涉及特殊教育；2007 年"关心特殊教育"首次写入了党的十七大报告；2008 年《残疾人保障法》修订，同年，"发展残疾人教育"作为促进残疾人全面发展的首要意见，列入了《中共中央国务院关于促进残疾人事业发展的意见》。2010 年发布的《国家中长期教育改革和发展规划纲要（2010—2020 年)》中，将特殊教育单列一章，强调各级政府要加快发展特殊教育，把特殊教育事业纳入当地经济社会发展规划，列入议事日程。但是，随着特殊教育的发展，部分法律、法规的条文已经不适合特殊教育发展的需要，亟须修订；特殊教育事业发展也需要政府出台更完善、更具体的法律法规。可喜的是，我国政府对这项工作高度重视，目前，《关于开展残疾儿童少年随班就读工作的试行办法》以及《残疾人教育条例》都正在修订之中，这将从法律层面更好地促进我国特殊教育事业的发展。

新建、改扩建特殊教育学校

特殊教育学校总量不足、分布不均，极大地限制了残疾儿童义务教育的普及。为解决这一问题，2010 年发布的《国家中长期教育改革和发展规划纲要（2010—2020 年)》指出，要加强特殊教育学校的建设，并将特殊教育学校的建设作为重大项目，"改扩建和新建一批特殊教育学校，使市（地）和 30 万人口以上、残疾儿童少年较多的县（市）都有一所特殊教育学校……"为贯彻落实纲要精神，全国各地，尤其是中西部地区进一步加大了发展特殊教育学校的力度，很多地方不仅将新建和改扩建特殊教育学校纳入地方政府工作规划，而且已经大兴土木，着力打造现代化的特殊教育学校。比如，2009 年国家投入 1.8 亿元在新疆建设了 17 所特殊教育学校；河北省在 2010 年投入 1.5 亿多元用于特殊教育学校建设，2011 年继续投入建设 22 所特教学校；2011 年，四川泸州市江阳区、纳溪区、龙马潭区特殊教育学校获得新建特殊教育学校中央预算内投资共计 2270 万元；到 2011 年，国家发改委累计安排中央专项资金 3100 万元，用于支持宁夏列入《国家中西部地区特殊教育学校项目建设规划》的 9 个特殊教育学校项目建设。

国家投入 1.8 亿元在新疆建设 17 所特殊教育学校（来源：新华社资料图片，新华社记者 沙达提／摄）

扩大随班就读规模

根据中国残疾人联合会《2010 年中国残疾人事业发展统计公报》，全国未入学适龄残疾儿童少年总数为 14.5 万人。其中，视力残疾 1.7 万人，听力残疾 1.5 万人，言语残疾 1.1 万人，智力残疾 3.7 万人，肢体残疾 3.7 万人，精神残疾 0.8 万人，多重残疾 2.0 万人。如何解决这些儿童的入学问题呢？

一方面，需要政府新建或改扩建特殊教育学校，解决残疾儿童少年入学问题。另外一方面，这 14.5 万名的残疾儿童少年中，相当一部分人可以适应普通教育的环境。因此，鼓励和支持更多的普通学校接受残疾儿童随班就读成为最现实可行的解决方案。

提高特殊教育师资教育水平

教师了解残疾儿童身心发展特点，掌握特殊教育教学知识和技能，就能够对残疾儿童进行有质量的教育教学。为此，《国家中长期教育改革和发展规划纲要（2010—2020年)》明确提出："对特殊教育教师进行专业培训，提高教育教学水平。"近年来，各级教育行政部门还制定了系列规划，提高特殊教育学校师资队伍的专业能力，同时对招收残疾学生的普通学校教师加强有关特殊教育方面的培训。

除了从专业上加强对教师培训外，国家还采取措施，提高教师的工作热情，比如规定要提高特殊教育教师待遇，在评选优秀教师时对特殊教育教师和从事随班就读工作的教师加以倾斜。

北京联合大学特殊教育学院毕业生郭煜然在中国聋儿康复研究中心对聋儿进行语言听力康复训练。郭煜然自创的"游戏听力训练"方式效果不错（来源：CFP 资料图片）

营造促进特殊教育发展的社会氛围

首先，残疾儿童的家庭要重视特殊教育，积极为孩子的教育创造条件。家庭教育是学校教育和社会教育的基础，是儿童成长的摇篮。教育好孩子是家长的天职，也是历史和社会赋予家长的重任。家长在特殊儿童的一生当中，占有极其重要的地位。特殊儿童比普通儿童更需要温暖的家庭和良好的家庭教育。家长或其他家庭成员应从痛苦、无奈等消极情绪中走出来，以积极的心态高度重视对特殊儿童进行教育和训练，一方面应从儿童日常生活习惯养成、生活自理能力培养等做起；另一方面，应积极参与和主动配合学校做好特殊儿童的教育教学工作。学校、社区与社会也应加强合作，积极开展特殊儿童家庭教育宣传与家庭教育方式方法，灵活地为特殊儿童的家庭教育提供多样而有效的支持。

　　此外，促进残疾儿童的康复与发展需要各部门联动。但目前，残疾儿童的康复工作主要是在残联或医院附设的机构进行，康复人员往往只对残疾儿童开展专项技能的康复训练，比如语言训练或身体运动技能训练，缺乏对残疾儿童进行整体的、系统的教育培训。而许多特殊教育学校则以提供教育服务为主，严重缺乏康复训练的器械和康复专业人员，且很少有学校能主动与当地的残联或医疗部门沟通，获得相关支持。反过来，康复机构缺乏教育方面的专业人才，但也很少与学校联系获得帮助。受"行业壁垒"的影响，教育与康复确实存在脱离的现象，这对于残疾儿童的发展非常不利。扭转这一局面，需要各部门联动，促进"康复—教育"网络尽快形成。

★背景阅读
- 中共中央国务院关于促进残疾人事业发展的意见. 2008-04-24.
- 中国残疾人联合会. 2010 年中国残疾人事业发展统计公报.

① 丁思. 姚基金在中国联合捐助的第一所特殊教育学校落成 [EB/OL]. (2011-06-10) [2011-11-02].http://www.chinanews.com/tp/hd2011/2011/06-10/50606.shtml.

11 怎样看待"读经热"
——谈中国传统文化的现代价值

典型事例

　　20 世纪 90 年代，王财贵先生在台湾发起儿童读经运动，儿童读经在我国内地及港、澳、台地区迅速得到推广。2004 年 4 月，高等教育出版社出版发行了蒋庆选编的《中华文化经典基础教育诵本》12 册……随着越来越多的人加入诵读经典的队伍，华夏大地掀起了一场诵读经典、传承中国传统文化、弘扬民族精神的热潮。

　　我国是一个有着悠久历史的国家，中华民族曾经创造出灿烂的文化，为人类的文明和进步作出了重要贡献。党的十六大以来，胡锦涛总书记多次提出，弘扬中华文化，建设中华民族共有的精神家园，强调中华传统文化是中华民族的灵魂，是中华民族团结一心、不断进步、走向繁荣的精神支柱和智慧源泉。传承并发扬我们民族优秀的文化，使传统文化的优秀成分与当代生活相接、与科学精神相连、与革命传统相续，以此树立社会主义核心价值观。

　　诵读经典是传承我国优秀传统文化、弘扬民族精神的重要组成部分。在继承和发扬的基础上，通过诵读经典，形成适应时代需求的和谐思想、爱国情怀、创新精神和道德观念。

陕西西安市青少年宫等单位联合举办"微笑的雨"杯首届传统文化经典诵读比赛（来源：新华社资料图片，新华社记者 陈钢／摄）

为了弘扬传统文化，自 2007 年开始，教育部、国家语言文字工作委员会推出了以"亲近经典、承续传统"为主题的"中华诵·经典诵读行动"系列活动。自此，从城市到乡村，从白发长者到稚气少年，从热爱母语的普通民众到醉心中国文化的国际友人，"中华诵"点燃的文化星火，在神州大地已成燎原之势，使人民群众特别是广大青少年，进一步加深了对民族精神和优秀传统文化的理解，在诵读中亲近中华经典，在亲近中热爱中国文化，在热爱中弘扬中华文明。

相关链接

教育部等部委开展诵读经典的举措

　　1. 2007 年，教育部在全国范围内启动"中华诵·经典诵读行动"。4 年来，"中华诵"利用语言文字与文化互为载体的特点，通过诵读和书写经典，使雅言华章与其所承载的中华优秀文化相辅相成，相得益彰，形成了经典诵读大赛、传统节日晚会、全国中小学生夏令营、经典诵读进校园晚会、全国大中小学生规范汉字书写大赛、古辞新韵创作大赛六大系列活动。同时，"中华诵·经典资源库"的建设也在 2010 年拉开了帷幕。

　　2. 2010 年 7 月，教育部、国家语言文字工作委员会下发了《关于在学校开展'中华诵·经典诵读行动'试点工作的通知》，决定在部分省（区、市）和直属高校开展"中华诵·经典诵读行动"试点工作，为此项工作在全国推广积累经验。

　　3. 2010 年 8 月和 11 月，教育部等部委分两批确定了 15 个省（区、市）和 11 所直属高校为首批试点地区和单位。其中成都市、北京市昌平区等 25 个市、县（区）推进区域性试点；全国总计有 18261 所中小学、286 所中等职业中学、108 所高校参加学校试点工作。

○ 什么是"经"

提起"经",我们总会想到儒家经学,其实从"经"到儒家经学,再到"经",甚至到经典,是一个传承演变的历史进程。

早期的"经"可以理解为广义的经,指的是权威著作,类似今日通称的经典,它产生很早,而且数量很多。据说早在4000多年前,夏朝、商朝人就已经传诵经典,但由于历史变迁,这些典籍都没有保存下来。周朝人开始有了刻在竹子上的典策,如《诗经》《尚书》等。到了战国时期,百家争鸣,开始把典籍都称为"经"。到了汉武帝时期,随着"罢黜百家、独尊儒术"的确立,儒家经学便被封建政府"法定"为"经",自此儒家经典在2000年的封建统治中,都成为"经",如《论语》《孟子》《大学》《中庸》《孝经》等。宋朝以后,随着印刷术的发明,儒家经典广为流传,读书人根据这些经典整理出一些蒙学读物,如《三字经》《弟子规》,等等。由于简单明快、朗朗上口,虽然在当时不能称为"经",但却是优秀的儿童经典读物。

近现代社会,西方的思想和文化涌入华夏大地,在中西交融合璧中,人们对"经"的解读再次发生了变化,开始把"经"更多地诠释为"经典"。认为"经"就是经久不衰的万世之作,具有典范性、权威性的著作,是经过历史选择出来的"最有价值的书"。《现代汉语词典》中对"经"的解释是"指传统的具有权威性的著作",提出中国古代的"经典"都是"经",不仅指儒家的经典,还包括墨、道、法、兵、释等各家流传下来的经典。可以说,凡是经过历史甄别、选择、流传下来的经典著作都是"经"。

知识拓展

经典在每一个古老文明国家的历史上都起到过至关重要的引导作用,是灵感的来源,思想运动的来源,话语的来源,甚至是习俗民风的来源。文化经典包含宗教学、哲学、政治学、法学、经济学、道德伦理学、教育学、文学、艺术学等多领域内容,其中蕴涵着宇宙哲理、人生理想、政治智慧、历史教训、审美情趣等,是人生教育学典籍,或者说是人生的课本、教材。

法国著名教育家阿兰(Alain)在《教育漫谈》一文中谈到诵读传统优秀诗篇的作用时写道:诗,是人伦的钥匙。

改革开放以来，我国经济快速发展，社会发展在某种程度上跟不上经济发展的速度，由此引发了一些社会问题。这些问题不管用现代文化，还是西方文化都无法解决，而且面临更多的挑战和冲突，这些挑战和冲突已经不是某一国家或地区所面临的问题，而是整个人类共同面临的问题。这些问题大致包括人与自然、人与社会、人与人、人与心灵之间的冲突，并由此引发了人文、道德、精神层面的价值危机。

而历史悠久、生命力旺盛的我国传统文化，凭借其优秀特质，在现代化的背景下显示出其独特的价值和魅力。尤其我国传统文化中以仁为本、以和为贵、内尽心性、外穷天道的核心价值取向，与现代社会形成了良性互补。其价值观念、是非标准、伦理道德规范与艺术审美尺度，对现代社会也有着积极作用。

○ 诵读经典有何现代价值

我们中华民族之所以历久不衰，虽衰复振，其根源就在于拥有优秀的传统文化，并在传承中依据不同时期赋予了新的内容。当今时代，通过诵读传统文化中的经典，可以更好地促进和谐、弘扬民族精神、树立社会主义荣辱观。

有利于促进和谐

"和谐"思想不仅是我国当代社会弘扬的主题，更是我国传统文化的核心价值。孔子在创立儒家学说时，十分重视"和"的价值与作用。他提出"和为贵"，把"和"视为做人处世、治国理政的价值判断标准。孔子强调"君子和而不同，小人同而不和"，"君子矜而不争，群而不党"，其用意在于保持和谐而不结党营私。孔子的"和"、"同"思想，也是既承认差异，又要求和、合，通过互补互济，达到事物的矛盾统一，形成和谐的状态。

《中庸》说："致中和，天地位焉，万物育焉。"其大意表明"和"是天下人共同遵行的原则。只有达到"中和"的境界，天地才能各在其位而生生不息，万物才能各得其所而成长发育。这充分体现的是端庄沉稳、守善持中的博大气魄，宽广胸襟和"一以贯之"的坚定信念。

建构和谐社会（来源：CFP 资料图片）

老子在《道德经》中说"万物负阴而抱阳，冲气以为和"，认为万事万物都包含着阴阳两个矛盾的方面，阴阳相互作用构成"和"。"和"是宇宙万物的本质以及天地万物生存的基础。这些都体现了我国自古以来"贵和尚中"的精神。

党的十六届四中全会提出"构建社会主义和谐社会"，十六届六中全会提出"建设社会主义和谐文化"，党的十七大更进一步强调"社会和谐是中国特色社会主义的本质属性"。这不仅包含着身心和谐，更涵盖了民主法治、公平正义、诚信友爱、充满活力、安定有序、人与自然和谐相处的思想。这正是我国优秀传统文化中"贵和尚中"思想的现代价值体现，是"贵和尚中"思想的升华。

有利于弘扬民族精神

以爱国主义为核心的民族精神，是我国传统文化的灵魂，是我们中华民族的生命力、凝聚力和创造力的不竭源泉。在五千多年的历史发展中，我们中华民族形成了以爱国主义为核心的团结统一、爱好和平、勤劳勇敢、自强不息的伟大精神，爱国主义深深植根于中华民族精神之中。

从孔孟时代的"匡正天下"到屈原的"生为楚国人，死为楚国鬼",从贾谊的"国而忘家,公而忘私"到范仲淹的"先天下之忧而忧,后天下之乐而乐",从岳飞的"精忠报国"到文天祥的"人生自古谁无死,留取丹心照汗青",从顾炎武的"天下兴亡,匹夫有责"到魏源的"师夷长技以制夷",从孙中山的"驱除鞑虏,恢复中华"到鲁迅的"我以我血荐轩辕",等等,无不体现出中华民族自古以来所具有的自尊自强精神。

中国共产党是中华民族精神最好的弘扬者,并在此基础上不断树立适应时代需求的时代精神。中国共产党领导中国人民革命的过程中所表现出来的革命精神,严守纪律和自我牺牲的精神,大公无私和先人后己的精神,压倒一切敌人、压倒一切困难的精神,坚持革命乐观主义、排除万难去争取胜利的精神,也都是在汲取传统文化养分的基础上,由中国共产党人在波澜壮阔的革命实践中提炼出来的。改革开放以来,中国共产党勇于探索、大胆改革创新的精神是中华民族自强不息民族精神的延续、继承和发展,充分体现出"因时而变"、"与时俱进"、"开拓进取"的时代精神。

因此,通过诵读经典,我们可以深切体会到中华民族精神,并切实了解不同时代、不同时期民族精神所体现出的时代精神,以及如何演化为我国优良的民族精神。

知识拓展

《国家中长期教育改革和发展规划纲要(2010—2020年)》指出:坚持德育为先。立德树人,把社会主义核心价值体系融入国民教育全过程;加强以爱国主义为核心的民族精神和以改革创新为核心的时代精神教育;加强社会主义荣辱观教育;加强中华民族优秀文化传统教育和革命传统教育。

有利于树立社会主义荣辱观

社会主义荣辱观是社会主义核心价值体系的基础,它来源于我国传统道德文化。源远流长的我国传统道德文化是社会主义荣辱观的根基，如孔子在《论语》中就提出"知耻而后勇"。古人更有"礼义，治人之大法；廉耻，立人之大节"的论说。近代人龚自珍说："士皆有耻，则国家永远无耻；士不知耻，为国之大耻。"这些论述均反映出我们中华民族强烈的耻感意识，正是这种意识，才使我们中华文明能维系、昌盛数千年。

我国是一个富有道德人文精神的国家，道德遗产十分丰富。我们中华民族在漫漫的历史长河中，逐渐发展形成了具有鲜明特性的道德文化、哲学思想、价值观念和行为规范。我国传统道德思想，从夏商周到唐宋明清，异彩纷呈，层出不穷。其中的精要可简略地归纳为"仁、义、礼、智、信、忠、孝、廉、耻、谦"，这些要求人们：要仁爱济众，不要恶意向人；要重义轻利，不要见利忘义；要守礼修身，不要无理莽撞；要睿智博学，不要孤陋寡闻；要诚实守信，不要失信于人；要忠人端直，不要叛逆奸行；要循孝敬老，不要目无尊长；要廉洁自爱，不要贪赃枉法；要知耻向义，不要寡廉鲜耻；要谦虚谨慎，不要专横跋扈，等等。我国传统道德文化对维系我们中华民族的兴盛发挥了重要作用。

○ 我们今天应该怎样对待传统经典

传统是一种无形的思想倾向，具有延续不断的规范力量，由此形成一种思想与行为的规范。传统文化是通过传统文献被传承下来，尤其其中的经典部分。然而，文献或经典是在某个历史时期，在当时的历史条件下产生的，具有明显的历史特征，而其传承必须赋予时代特性。

相关链接

党的十七大报告指出：中华文化是中华民族生生不息、团结奋进的不竭动力。要全面认识祖国传统文化，取其精华，去其糟粕，使之与当代社会相适应、与现代文明相协调，保持民族性，体现时代性。

取其精华，去其糟粕

五千年悠久灿烂的中华文化，为人类文明进步作出了巨大贡献，是我们中华民族生生不息、国脉传承的精神纽带，是我们中华民族面临严峻挑战以及各种复杂环境屹立不倒、历经劫难而百折不挠的力量源泉。然而，我国传统文化中还存在着不适合当代社会需要、与现代文明不相协调的因素，因此，在继承传统文化时要遵循辩证、批判的原则，取其精华，去其糟粕。通过弘扬优秀文化传统，构建适合我国实际、反映我国现实发展的积极向上的社会主义价值观。

当代社会以构建社会主义核心价值体系为目标，因此，必须要正确认识我国传统文化，既不能全盘接受，也不能盲目批判，要意识到传统文化中的精华和糟粕，要在扬弃中发挥优秀传统文化的作用。

那么什么是我国传统文化中的精华呢？如《周易》中有："天行健，君子以自强不息；地势坤，君子以厚德载物"的记

山东省济南市大涧小学的孩子们在诵读《三字经》（来源：CFP 资料图片）

载，这里所提倡的自强不息的刚健精神与厚德载物的宽容精神，就是我国传统文化中的精华。自强不息的刚健精神中，所谓刚，即不屈服于外力；所谓健，即具有持久力；厚德载物的宽容精神，在注重德行养成中育人利物。再如《中庸》所倡导的"博学之，审问之，慎思之，明辨之，笃行之"，无论是学习知识、询问疑难、思考问题，还是明辨是非、做事情都要具有这样的精神。此外，根据经典总结出来的至理名言，如：和合友善、公正无私、疾恶如仇、诚实笃信、不尚空谈、戒奢节俭、豁达大度、温良恭俭让等修身之道；敬业乐群、公而忘私的奉献精神；"天下兴亡、匹夫有责"的爱国情操；"富贵不能淫，贫贱不能移，威武不能屈"的浩然正气；厚德载物、达济天下的广阔胸襟；奋不顾身、舍生取义、见义勇为的英雄气概，等等，这些都是我国传统文化的精华所在。这些优良传统美德对于我们树立正确的人生观，培养健康向上的道德品质，提升道德修养境界，都具有重要的借鉴意义和启迪作用。

然而，传统文化中也有一些不适合现代社会发展的观念。如：汉武帝时期的儒学大师董仲舒在《春秋繁露》中认为：在人伦关系中，君臣、父子、夫妇三种关系是最主要的，而且这三种关系的存在是天定的、永恒不变的主从关系：君为主、臣为从；父为主，子为从；夫为主，妻为从。到宋明时期形成的宋明理学更进一步发展了这种观点，如张载认为"三纲五常"就是天理，是规范，是准则。如果把这种产生于封建社会、统治者为维护自身统治所倡导的观念在现代民主、法制社会中进行传播和宣讲，明显是历史的倒退，是完全不适合现代文明的。再如：法家代表作之一的《韩非子》中所提出的"法治"思想，无论在古代，还是现代社会都有一定的进步意义，但其中对善于深藏不露的"术"的强调，以及主张"重刑"，强调酷刑的主张都与现代和谐社会慎用死刑相违背，因此对现代社会管理是消极的。道家学说中的"守拙"、"贵柔"、"无为"等思想，在现代社会中也有一定的消极意义。因此，对传统文化中的一些糟粕，我们要坚持批判的原则，对其加以剔除。

为了使"中华诵·经典诵读行动"能够健康、持久、有效地开展，教育部从2010年启动了"中华诵·经典资源库"的建设。第一，组织专家从浩瀚的中华经典中选取符合社会主义核心价值体系的名篇，按照：充分反映中华优秀文化传统的特点；适应中国特色社会主义事业的要求；全部篇目应能代表中华优秀文化传统和革命传统的全面特征，精心编选篇目。第二，从全国范围内精选名师、名家，对每一个入选篇目进行讲解、朗诵、吟诵、书写，构成全面解读中华经典的多维资源库。第三，适时增加讲解的外文字幕，供全世界喜爱中华文化的人学习、使用。目前，这项工作的前期论证已完成，并制成了样片，下一步将在充分论证基础上开始大规模制作。

在传承中不断创新

经典作为传统文化的重要载体，决定了我们对传统、传承必须采取重视的态度，这体现了经典历史特征的"契理"功能；然而，我们对现实、潮流的认知，也体现出文化的"契机"使命。

为了更好地传承我国传统文化，在弘扬我国传统文化时必须坚持继承与创新相统一的原则。继承是创新的基础，创新是继承的目的。我国有着无与伦比、绵延不绝的悠久历史和灿烂文化，我国传统文化在几千年的发展中，逐渐形成了自己的文化传统，这种文化传统贯穿于国人的价值观、思维方式、风俗习惯、道德礼仪等各个方面，是取之不尽、用之不竭的思想文化宝藏。如经典中所体现出来的爱国主义，在战争时期表现为抗击敌人、牺牲自我、保卫祖国，等等；在和平时期，在我国目前状态下则体现在努力学习、踏实工作、服务社会、建设祖国，等等。可以说，只有把经典的历史性与时代性相融合，才

2010 年 5 月 5 日下午，泉州团市委等单位组织了近 500 名青年学生、少先队员开展"传承道德，诵读经典"主题活动，集体朗读《道德经》《弟子规》，引导青少年儿童诵读国学经典，用雅言传承文明，用经典浸润人生（来源：CFP 资料图片）

能体现出传统文化的现代价值。再如我国传统文化中的"以和为贵"、"和而不同"的价值观念，自强不息的刚毅精神、厚德载物的宽容精神等，在现代社会就应该是努力构建和谐社会，求同存异；包容尊重，不随意侵犯。因此，对这些前人创造的优秀文化传统，我们理应在继承中不断创新。而且，任何价值或思想的形成都不是无源之水，都是在继承前人的基础上创造出来的。

因此，我们现代社会要运用马克思主义的科学方法，对传统文化进行去伪存真、去粗取精的工作，并在新的实践中进行新的创造，自觉探索传统文化的现代价值，充分利用丰富的传统文化资源，推陈出新，以此推动我国传统文化的新发展，使传统文化在我们新的生活和新的时代中展现出新的姿态。只有这样，才能使我国优秀的传统文化焕发生机。

　　"十年树木，百年树人"。诵读经典也需要长期坚持，并依据"古为今用"的原则，采取"一分为二"的辩证态度，有批判地继承，有远见地创新，不能搞全盘否定传统文化的民族虚无主义，也不能搞全盘继承传统文化的复古主义。吸取传统文化中的优秀思想和卓越智慧，大力弘扬其中的优秀成分，才能建设适应新时代发展需要的、我们中华民族所共有的精神家园。

★背景阅读

● 中宣部，中央文明办，教育部，民政部，文化部，国家语委. 关于以传统节日为主题开展经典诵读和诗词歌赋创作活动的通知，国语〔2008〕1 号.

● 教育部，国家语言文字工作委员会. 关于在学校开展"中华诵·经典诵读行动"试点工作的通知，教语用函〔2010〕6 号.

12 如何让"小胖墩"迈开腿、管住嘴

——谈青少年健康行为教育

典型事例

　　一份权威统计报告显示，1986 年，我国首次进行了全国 8 大城市 0～7 岁学龄前儿童的肥胖调查，因营养过剩导致肥胖者不足 0.91%；而到了 1996 年，肥胖率已达到 1.76%。现在，我国大城市的儿童肥胖率已达 10% 以上，10 年中增加了 10 倍多。

　　儿童肥胖症在我国发病率迅速增加，流行势态已相当严峻。尤其是城市儿童中，小胖墩的增长速度已经大大超过欧美等发达国家，如此迅速的增长已使肥胖成为影响我国城市儿童青少年的主要健康问题，如何给这些小胖墩减"肥"，已成为摆在教育、学校和家长面前一个严峻的问题。[①]

○ 青少年肥胖易导致哪些危害

　　目前，肥胖已经与艾滋病、吸毒和酗酒并列为世界四大生活难题，被公认为困扰人类健康的重要顽症之一。肥胖对青少年的危害更大，已逐渐成为青少年时期，乃至成人后健康的隐形杀手。有报道称："肥胖病潜伏儿童短寿 10 年：苏联的医学研究者认为，儿童肥胖者有 85% 成了病人，这将使他们的寿命平均缩短 5～10 年，这一论点得到了瑞典科学家的支持，他们

在跟踪研究 500 名肥胖儿童的报告中指出，肥胖儿童的平均寿命较总人口平均寿命短 10 年之多，死亡率较总人口同龄组高三分之二。"

肥胖容易带来哪些危害？②

　　按照最新观点来看，肥胖已不应被单纯视为身体脂肪含量过多。其实，它是一种以身体脂肪含量过多为主要特征的，多病因的，能够合并多种疾病的慢性病。肥胖是继心脑血管病和癌症之后对人类的健康和生命造成威胁的第三大敌人，甚至将成为 21 世纪威胁人类生命健康的"头号杀手"。

　　事实上，肥胖对人类的危害并不是主要的，它带来的合并危害更大。体内脂肪过剩能引起代谢紊乱，尤其是腹部脂肪过多的中心型肥胖，可引起高胰岛素血症和胰岛素抵抗，从而继发高血压、冠心病、糖尿病、高密度脂蛋白胆固醇低下、动脉粥样硬化等。体内脂肪过剩还能引起内分泌紊乱、免疫功能低下及血液流变异常，促发脑梗塞、脑出血、心肌梗死、呼吸道疾病、胆石症、脂肪肝。

　　据日本统计证明，标准死亡率为 100%，肥胖者死亡率为 127.9%。美国统计证明，标准死亡率为 100%，超重 25% 的肥胖者死亡率为 128%，超重 35% ～ 40% 的肥胖者死亡率为 151%。在相同条件下体重超过 30% 者其死亡率也比正常体重者增加 50% 以上。

　　国际生命科学学会中国办事处主任、中国肥胖问题工作组组长陈春明指出，儿童青少年的超重与肥胖不仅造成疾病危险、健康后果和对心理的影响，延续到成年以后可能造成更大的健康危害。

　　中华预防医学会儿少卫生分会主任委员季成叶指出，目前，中国城市儿童、青少年已经全面进入肥胖流行期，而北京、上海等大城市则更是未成年人肥胖的"重灾区"。季成叶断言：中国已经走进"肥胖时代"，未成年人一代更是首当其冲，国家已明确把肥胖列为 6 种学生常见病之一，而人们对此却没有给予足够的重视。青少年肥胖对其身体健康所带来的主要危害是出现儿童成人病，如下表所示。

青少年肥胖对健康的危害

序号	引发疾病	分析
危害1	高血压	导致儿童患高血压病的因素除了父母遗传外，后天影响的主要因素当属肥胖。13岁肥胖儿童高血压检出率为14.7%，而对照组同龄儿童则为4.0%，肥胖儿童高血压发病率为正常儿童的3.5倍。肥胖儿童合并临界高血压者为20.0%，为正常儿童的两倍。因此，在防治高血压工作中，切不可忽视肥胖因素，尤其应提高对儿童肥胖并发高血压的重视。
危害2	糖尿病	儿童糖尿病已越来越受到国际上的重视，2007年WHO糖尿病日首次成为联合国糖尿病日，其主题就是"儿童与糖尿病"。历来儿童糖尿病以1型为主，但最近几年，儿童2型糖尿病有明显增高的趋势，并且随着肥胖这一基础人群的增加而增高。
危害3	高血脂	经研究发现，肥胖儿童高血脂症的发病率与中老年相似。有关文献资料指出，肥胖者，尤其重度肥胖对人体健康的危害极大，其多数都与血脂升高的病理演变互为因果。肥胖症合并高血脂症主要原因是由于肥大的脂肪细胞表面上胰岛素受体减少，对胰岛素的敏感性降低，血液中胰岛素浓度增高，出现高胰岛素血症，致血脂合成过多。
危害4	脂肪肝	肥胖症易并发脂肪肝，有学者报告说，10岁以上男孩的脂肪肝发病率尤其高。这是因为肥胖症存在着脂类代谢紊乱，脂肪合成过多，致使脂肪在肝内堆积而形成了脂肪肝。

除此之外，肥胖还容易引起青少年儿童的脑组织缺氧影响智力，导致心功能受到危害，导致自闭症，以及影响运动能力等。

○ 哪些行为易"造就"小胖墩

小胖墩的增多，主要与青少年诸多不良健康行为有关。与肥胖有关的不良健康行为包括多食行为、偏食行为、不运动或少运动行为等。

相关链接

什么是健康行为? [3]

健康行为是指人们为了增强体质和维持身心健康而进行的各种活动。如充足的睡眠、平衡的营养、运动等。健康行为不仅在于能不断增强体质，维持良好的心身健康和预防各种行为、心理因素引起的疾病，而且也在于它能帮助人们养成健康习惯。因为多发病、常见病的发生多与行为因素和心理因素有关，而且各种疾病的发生、发展最终都可找到相关的行为、心理因素，因而通过改变人的不良行为、不良生活习惯，养成健康习惯，可以预防疾病的发生。可见，健康行为是保证身心健康、预防疾病的关键所在。

行为1：多食行为

多食行为是指由各种原因引起的过度进食行为。进食本应以体内需要为依据，但因为不良饮食习惯、心理社会因素的影响，使摄食行为不以机体需要为限度，过度进食使体内脂肪堆积增加，从而导致肥胖。

行为2：偏食行为

油炸食品、快餐、碳酸饮料、烧烤等高热量、高油脂而又难消化的食物是孩子们的最爱。现在独生子女越来越多，娇生惯养，往往爱吃什么想吃什么，家长就满足其要求，结果很容易导致肥胖。

行为3：不运动或少运动行为

季成叶认为，中国儿童的生活方式"由动到静"的改变是造成肥胖的重要原因。由于居住条件的变化，以及家长对孩子用功学习的要求，使得儿童户外活动和锻炼的机会越来越少，而"静"的活动则明显增多，比如看电

看电视等"静"的活动容易导致儿童肥胖
（来源：CFP 资料图片）

视、上网、做作业等，这些都是如今儿童的主要生活内容。生活方式上各种细微的变化，使现在的孩子活动不断减少，消耗的热量越来越少。长此以往，将容易导致肥胖。

总之，喜食甜食、油腻食物；喜喝饮料，不愿食纤维素多的食物；暴饮暴食，经常吃零食；饭后静卧，缺乏运动；夜间进食，或食夜餐等都是容易引起肥胖的不良健康行为。

相关链接

不良健康行为的干预方法

健康行为知识普及法

对肥胖者进行营养学知识教育是纠正多食行为的必要环节。相关知识的传授可以借鉴预防医学中健康教育的各种做法，如知识讲座、媒体宣传、群众活动等。

记饮食日记法

记录内容主要包括每天进食的时间，每次进食的食物种类和数量，除正餐外吃零食和喝饮料的时间、种类、数量，每天各次正餐所用时间及进食速度等。记录2～3周时间，然后进行评价和分析。

饮食偏好诱导法

肥胖儿童往往偏爱荤食和甜食。父母应对其加以诱导，让他们逐渐喜爱吃粗粮和蔬菜，多吃水果、蔬菜，减少肉食和精细谷物数量，不吃肥肉和甜食。

奖励、惩罚

与肥胖者商定一个较为合理的、具体的饮食行为模式，要求肥胖者遵照执行，如果肥胖者能按照要求做一天，就给予一定的奖励，如果不能遵照执行，每出现一次要纠正的目标行为就给予惩罚。

厌恶刺激法

用一些令人厌恶的刺激来对抗多食行为，可选择一些与肥胖有关的厌恶刺激，如大腹便便行动笨拙的漫画，肥胖危害的招贴画，若干条肥胖危害的句子，讽刺、嘲笑胖人的顺口溜等，每当肥胖者出现超过合理进食量、吃零食、夜食等不良饮食行为时就呈现上述厌恶刺激，以降低进食欲望，控制多食行为。

○ "迈开腿、管住嘴"有何妙方

给"小胖墩"减肥，家长该怎么做

由于儿童和成人不同，自制力较差，常常不能很好地控制饮食和完成计划的运动量，教师和家长应该正确引导儿童养成健康的饮食、行为习惯。

针对目前一些孩子和家长的不良饮食习惯和错误的营养健康概念，杭州某学校开展了一场模拟的食品采购活动（来源：CFP资料图片）

做法 1：做好健康营养师

孩子的肥胖问题与其饮食行为习惯、膳食结构等有着密切的关系。因此，家长在孩子好的饮食行为习惯养成上要起到正确教育、引导和监督作用。更为重要的是，不能完全以孩子的意志为转移，要从科学合理膳食搭配的方法上保质保量地为孩子提供三餐饮食，尤其要严格控制孩子的高热量零食。

做法 2：以身作则带孩子运动

孩子在学校参与运动的时间很有限，即便是有课间操、体育课，或许偶尔会有课外集体活动的时间，但仍难以起到增强体质的目的，更别说要实现运动减肥的目的了。因此，孩子放学回家后或节假日，需要家长能够身体力行、以身作则，主动参与运动，并能够在运动减肥专家或行家的指导下开具运动减肥家庭处方，与孩子一起实施运动减肥计划，否则单凭孩子的自觉运动是难以起到有效减肥作用的。

做法 3：监督孩子少看电视少玩电脑

在爱静不爱动的部分肥胖孩子当中，有看电视和玩电脑的嗜好，有些家长不能起到监督和控制作用，任孩子自由支配时间。孩子的自制力不强，结果经常看电视玩游戏静坐的肥胖孩子只会加重肥胖程度。因此，家长对孩子尤其是对肥胖的孩子需要起到监督作用，并鼓励其走出房间，走向庭院，走在阳光下多参与运动。

做法 4：注意观察并及时称重

孩子是否有肥胖的迹象，以及肥胖的程度，家长是最能直接观察到的，即便是不太细心的家长也能看到孩子的体质状况的变化。为了孩子的身体健康少受危害，尤其是尽可能地避免肥胖给孩子带来的诸多危害，需要家长在日常生活中多注意观察孩子的体质变化，尤其是需要每周或至少每月称一次体重，及时了解信息，做出饮食和运动处方调整。

相关链接

> 美国一项最新研究显示，限制儿童看电视的时间并让他们保持一定运动量，可有效降低儿童肥胖的风险。美国儿科学会曾就控制儿童肥胖症提出建议：儿童每天看电视时间应限制在两小时以内。但美国媒体日前报道说，美国艾奥瓦州立大学研究人员进行的调查发现，多数美国儿童达不到这些要求。④

健康行为教育，学校该怎么做

方法 1：杜绝学生在课间吃零食，特别是甜食

有些学生喜欢吃零食，经常会把零食带到学校，利用课间休息的时间吃。通过观察和对中小学班主任老师的访谈得知，超重或肥胖的孩子课间吃零食的现象更为多见。基于此，任课教师，尤其是班主任一旦发现吃零食的孩子需要立刻制止，对那些吃甜食的肥胖孩子更应如此，杜绝其饮食习惯。只有这样，才能与家长积极配合帮助孩子"管住嘴"。

方法 2：召开学生与家长座谈会，开展肥胖危害与控制体重知识讲座

对于家长和学生而言，对肥胖的危害以及减肥或控制体重方法并非都很清楚。因此，有些家长对孩子的肥胖未能引起高度的重视。我们时常会看到有的家长带着"小胖墩"孩子走进麦当劳、肯德基等快餐店就餐，可我们却很少看到家长带着小胖墩孩子一起运动，这些现象都足以表明家长和孩子都未对肥胖引起高度重视。因此，基于肥胖对孩子当前和未来的影响的严重性，需要加强知识宣传，尤其是针对肥胖孩子如何控制体重，减少肥胖危害困扰等召开学生与家长会议，以引起他们的重视，并积极行动起来，共同为肥胖孩子"管住嘴、迈开腿"而努力。

方法 3：为学生制订运动减肥方案

如何迈开腿？就肥胖孩子来讲，不是动一动就能减肥的。根据超重、肥胖等不同体重等级应采取不同的运动方略，方能起到一定的效果。学校教师尤其是体育教师应该能够组织相关学生运动减肥或借鉴专家的理论或实践专家的经验，为不同体重的孩子制定行之有效的运动减肥处方，使孩子能够有目的地投身到科学的减肥运动之中。

相关链接

运动处方举例（适宜中学生）

运动目的：减肥，保持、增长体力。

运动项目：慢跑、仰卧起坐、羽毛球、游泳、拉力器、篮球、排球、足球等。

运动强度：心律达到 130 ～ 140 次 / 分。

运动时间：30 ～ 45 分 / 次。

运动频率：3 ～ 4 次 / 周。

具体安排：1. 准备活动 10 分钟（同体育课准备活动），主要活动各关节及拉长肌肉。2. 选一项目运动 25 ～ 30 分钟，以运动中出汗为好。3. 力量练习：拉力器、哑铃、俯卧撑（选一项），20 次 / 组 ×3，或跳绳 100 次 / 组 ×4 组，或仰卧起坐、立卧撑（选一项）50 次。4. 整理放松运动 5 ～ 8 分钟。

方法 4：举办减肥夏令营

无论对青少年儿童还是成人来说，减肥确实是一大难题。尤其对于正处于紧张学习期的青少年儿童，如果不是暑假、寒假等长假期间，平日想通过有效的运动减肥确实不易。因此，学校应针对肥胖孩子，在专家的指导下，举办减肥夏令营或冬令营。最好能够以运动为主，兼顾心理疗法，让孩子在充分树立减肥信心的前提下，组织减肥夏令营或冬令营活动。而且夏令营的各项活动也需要因人而异，区别对待，这样才能收到较好的减肥效果。根据时间长短，即便是通过该活动只是养成了锻炼的习惯，也算是达到了一定的效果。

目前，中小学生肥胖的现象较为常见。这些学生通常因为长得"壮实"，跑不快，跳不远，不愿意和班里同学一起运动。2011 年 5 月 17 日，北京市东城区东华门学区灯市口小学、美术馆后街小学等 6 所学校，联手举办"第一届'小壮壮'运动会"，150 名体重超标的"小壮壮"参与。比赛项目趣味横生，增强了孩子的自信心和运动的乐趣，激发了其参加体育锻炼的热情。

北京市东城区东华门学区 6 所学校联手举办"第一届'小壮壮'运动会"，图为小壮壮们正在进行跳远比赛（来源：《中国教育报》资料图片）

美研究指出学校附近设快餐店易使青少年肥胖⑤

多项研究证实，进食过多的快餐食品是造成美国青少年肥胖的一个主要原因。美国科学家在最新的一项研究中发现，学校附近设有快餐店，学生更容易患肥胖症。美国加利福尼亚州阿祖萨太平洋大学的科研人员在最新出版的《美国公共卫生杂志》上报告，他们对 50 多万加州的初中生和高中生进行了为期 3 年的调查，结果发现，如果学校附近有快餐店的话，这些学校的学生体重超重或患肥胖症的概率要高于学校附近没有快餐店的学生。

"迈开腿、管住嘴"，"小胖墩"自己该如何做

"小胖墩"要想减肥，必须"迈开腿、管住嘴"。

首先，如何才能"管住嘴"？"管住嘴"并不是说不吃或少吃。人们需要保持食量与能量消耗之间的平衡。节制过量食欲是减肥的基本功。我们日常所说的节食减肥不是饿肚子，而是低热量均衡饮食，只要吃对东西，还是可以吃到饱而不长胖，应在低热量饮食上下工夫。如减少油及脂肪食物的摄取，减少淀粉质糖分的摄取，以减低热量吸收，至于减少分量则因人和因目标而异。三餐分配要合理。一般早、中、晚餐的能量分别占总能量的 30%、40%、30% 为宜。

青少年减肥需要控制总能量、控制碳水化合物、保证蛋白质的供应、严格限制脂肪的摄入，要有充足的维生素和微量元素。

需要合理安排一天的食谱，将营养素平均地分配到每一餐，零食的热量要计入每天的总摄入量，尽量选择能量密度低、营养素密度高的食物，如牛（酸）奶、全麦面包、鲜玉米、水果等；尽量避免高热量且不健康的食物，如炸薯条、冰激凌、巧克力、碳酸饮料、方便面等，少吃腌制的蜜饯和路边小吃。

专家还提醒，一味节食减肥的方法并不可取，那样不仅导致缺少生长发育必需的诸多营养素，部分盲目节食者甚至会患神经性厌食症，影响终身。

其次，如何才能"迈开腿"？"迈开腿"就是让青少年儿

童走出教室和家门、走向操场和运动场、走在阳光下，多参与体育锻炼。

2006 年，教育部、国家体育总局、共青团中央联合下发了《关于全面启动全国亿万学生阳光体育运动的通知》，并于 2007 年 4 月 29 日举行了全国亿万青少年学生阳光体育运动启动仪式，由此，阳光体育运动在全国亿万青少年学生中广泛开展。然而，就"小胖墩"这一特殊群体的孩子而言，无论是运动的强度、内容、时间等都应有一定的针对性。如就运动强度而言，中等强度较适合。因为采用中等强度进行运动，从能量代谢的角度上看，可以促使人体内的脂肪变为游离脂肪酸进入血液，作为能源在运动中消耗，没有被消耗掉的游离脂肪酸也不再合成脂肪。同时中等强度的运动不增加食欲，这可避免因运动引起摄入更多的能源，加剧脂肪在体内的存积。如何把运动强度控制在中等强度范畴呢？通常可以通过心率的测定来控制，青少年心率 125 ～ 135 次／分。至于健身运动的时间，健身减肥锻炼宜安排在晚餐前两小时进行，其效果是最佳的。

减肥不需要做大运动量的锻炼，因为心脏输出量不能满足机体对氧的需要，便会使肌体处于缺氧的无氧代谢状态。无氧代谢运动不是动用脂肪作为主要能量释放，而主要靠分解人体内储存的糖原作为能量释放。因在缺氧环境中，脂肪不仅不能被利用，而且还会产生一些不完全氧化的酸性物质，如酮体，降低人体运动耐力。血糖降低是引起饥饿的重要原因，短时间大强度的运动后，血糖水平降低，人们往往会食欲大增，这对减脂是不利的。

来自全国各地的"小胖墩"在沈阳一所军事化管理学院进行为期 20 天的封闭式基因减肥训练（来源：CFP 资料图片）

运动的时间也不要太短。在进行有氧运动时，首先动用的是人体内储存的糖原来释放能量，在运动 30 分钟后，才开始由糖原释放能量向脂肪释放能量转化，大约运动 1 小时后，运动所需的能量以脂肪供能为主。所以，短时间运动不能达到理想的减肥效果。

相关链接

英国青少年肥胖问题严重，学校试行免费餐[⑥]

　　据调查，在英国青少年中，有 17% 的男孩和 16% 的女孩加入了"肥胖大军"。为了遏制青少年体重超标，英国政府建议学校推出为期两年的试验性免费午餐计划。不管学生的家庭收入如何，学校向所有学生提供免费的营养膳食，这样不仅可以避免学生携带垃圾食品进入学校，同时培养学生的健康饮食习惯。一些学校提供的免费午餐，主要以蔬菜沙拉为主，搭配有适量肉食和奶制品。学生们既能够吃饱吃好，还可以利用这种公共环境，强化肥胖学生的自我减肥意识。

★**背景阅读**

　　● 国家标准化管理委员会. 专用小学生校车安全技术条件 [EB/OL]. (2009-03-30) [2011-10-10]. http://www.sac.gov.cn/zwgk/wtotb/tbttb/201012/t20101214_58806.htm.

　　● 教育部办公厅. 关于近期连续发生数起幼儿园幼儿被遗忘在接送车内导致死亡事故的情况通报（教基一厅〔2011〕8 号）.

① 长河. 身体超重危害多 [N/OL]. 邢台日报, 2010-06-09 (8). [2011-10-12]. http://www.xtrb.cn/epaper/xtrb/html/2010-06/09/content_189324.htm.
② 学校体育对肥胖青少年的健康促进作用研究 [EB/OL]. (2009-01-01) [2011-10-12]. http://www.hcedu.cn/html/jyyj/2009-1/1/10_18_11_388.shtml.
③ 顾瑜琦，刘克俭. 健康行为 [EB/OL]. [2011-11-02].http://www.xwyx.cn/Article_Print.asp?ArticleID=3622.
④ 郭锡熔. 肥胖儿童的心理行为干预 [EB/OL]. (2008-04-25) [2011-10-12]. http://www.med66.com/html/2008/4/zh250622375952480027200.htm.
⑤ 高原. 学校附近设快餐店易使青少年肥胖 [EB/OL]. (2008-12-26) [2011-10-12]. http://www.gmw.cn/01gmrb/2008-12/26/content_872610.htm.
⑥ 英国青少年肥胖问题严重 学校试行免费餐 [EB/OL]. (2009-09-16) [2011-10-12]. http://news.gxtv.cn/20090916/news_2010362718001.html.

13 如何防止学生上下学交通事故再次发生
——谈中小学校园安全

典型事例

2010 年 12 月 27 日，湖南省衡阳市因果小学的 20 名小学生乘坐三轮机动车上学，受清晨浓雾影响，三轮车坠入河中，共造成 14 名小学生死亡，6 名学生重伤。事后，当地教育行政部门的主管领导和学校的校长都因此被撤职。[①]

2011 年 8 月 29 日早上 8 时 30 分，海南省三亚市博爱双语幼儿园的面包车将学生接到幼儿园后，该车司机和随车教师未清点人数就关闭车门，时至下午 4 时许打开车门时，发现一名 3 岁男孩被遗留车内，已经停止呼吸。事故发生后，公安机关依法拘留了该幼儿园的园长、司机及孩子所在班的老师，并扣押事故车辆，当地教育行政部门也责令该幼儿园立即停止办学。[②]

近年来，我国连续发生了多起接送学生车辆交通事故，或者儿童被误关在幼儿园接送车中以致死亡的案件。这类案件在社会上的反响非常强烈，各界对于接送学生车辆安全、学校安全都给予了极大关注。其实无论是接送学生车辆问题，还是学校安全问题，都不是最近才出现的问题，也并不是最近才变得日趋严重。随着人们对于生命关注意识的提高和新闻报道透明度的增强，关注生命、关注安全已经成为整个社会的主题，学校安全作为其中一部分也不能例外。

在人们以往的认识当中，总把学校视为一个非常安全的地方，那里充满了欢声和笑语，是一座洋溢着知识与智慧、安详与神圣的象牙塔。但是近些年来，人们逐渐发现，事实也许并非这样，危险和事故也在时时威胁着校园，引起了中央领导、社会各界的高度重视。

学生安全事故给学校教育教学带来了哪些影响

校园安全问题使学校肩负沉重压力

目前，我国家庭中独生子女的人数众多，假如孩子发生意外，对于家庭来说就是一种沉重的打击。在这种情况下，学校一旦发生学生伤害事故，先不说是否要承担法律方面的责任，来自社会和家长的压力就令学校和教师苦不堪言。全国就经常发生学生意外死亡后家长抬尸进校"讨说法"的事件，这样的做法使得学校被迫停课，有的案件甚至影响了当地社会的安定和谐。为了确保学生安全，很多学校和地方教育行政部门不得不采取了一些因噎废食的办法：有的学校为了避免伤害事故带来的困扰，拆掉了校园中的运动器材，取消了春游、参观等校外活动；有的学校要求学生在课间除了上厕所之外不得离开座位；还有的学校在上体育课的时候要求学生都蹲在地上玩，不得站起来跑跳等，诸如此类"无奈"的做法严重影响了正常教育教学活动的开展。

校园安全问题使教师如履薄冰

面对校园安全问题，教师们也是苦不堪言。教师不仅在课堂上需要注意学生的安全，即使到了课间甚至放学时，都在提心吊胆，生怕孩子出现一点问题，教师的工作量无形中成倍剧增。而且由于家长素质参差不齐，有的家长往往因为一些小事就到学校跟老师要说法，辱骂教师甚至殴打教师的案件层出不穷。还有的学生威胁教师，假如对其进行批评就以去跳楼来报复。教师的权利在很多时候得不到最基本的维护，来自各方的压力使得教师的精神极度紧张，对教师的教学工作产生了极大的负面影响。

校园安全问题影响到孩子的健康成长

因为担心发生意外，春游等校外活动被取消了、操场上的运动器械不见了、体育课中稍微剧烈的运动被压缩了，课间学生们只能乖乖地坐在教室里，孩子们全面发展的空间被大大缩小。如果孩子在缺乏必要体育运动的环境中长大，这不仅给他们的身体带来不利影响，对他们的心理发展也会产生负面作用。有关统计资料显示，中国孩子的身高、体重、肩宽、臂粗等身体发育指标同日本孩子已经产生了明显的差距。假如学校安全问题得不到根本的解决，我们将会耽误一代人的发展，进而影响到整个国家的长远发展！

○ 学校安全事故频发原因何在

未成年学生的特点使得他们更容易受到伤害

未成年学生活泼好动，精力旺盛，但同时认知能力又有限，这就使得他们很容易在学校的教育教学活动中受到伤害。特别是低年级学生，由于其生活经验和安全知识都比较欠缺，安全意识相对淡薄，自我防护能力也比较差，是安全事故多发群体。在 2006 年全国各地上报的各类中小学校园安全事故中，43.75%发生在小学，34.82% 发生在初中，9.82% 发生在高中。2006 年小学、初中、高中事故发生数比为 4.5∶3.6∶1，死亡人数比为 6.6∶4.8∶1，受伤人数比为 7.4∶4.7∶1。值得注意的是，虽然从数字上看，小学的事故总量最大，但小学并非是最容易发生学校事故的，因为小学共有六个年级，占到了事故总量的

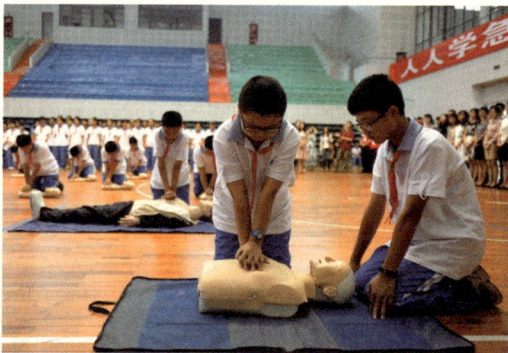

成都市纪念世界急救日暨应急救护知识进校园活动月启动仪式在成都七中高新校区举行，学生正接受人工呼吸培训（来源：CFP 资料图片）

43.75%，而初中只有三个年级，就占到了事故总量的34.82%。这说明，初中才是最容易发生意外事故的学段。初中生随着身体的发育，行为能力不断提高，但是其认知能力有限，又更富有冲动、冒险的特征，所以相对于高中生和小学生，初中生发生意外的可能性更大。为此，加强初中和小学学生的安全教育应引起教育工作者的高度关注。

中小学校的特点使得安全预防工作难度很大

中小学校、幼儿园是未成年学生集中的地方，人群密度非常大，再加上我国大班额的学校比较多，校内人员拥挤，上下学期间就容易发生一些拥挤踩踏事故。学校的教师也很难注意到每一名学生的异常举动，一旦发生意外，往往就容易造成一些比较严重的后果。同时，在学校中，尤其是小学和幼儿园中，女教师的比例非常大，这就使得学校的防卫、救护能力相比一般的单位薄弱，客观上增加了校园安全预防工作的难度。

学校安全工作的漏洞使得学校安全面临威胁

首先，许多学校的安全工作还停留在经验层面上。目前，无论是教育行政部门的安全指导、学校管理人员的安全管理，还是一线教师的安全实践都缺乏成熟的标准和范例进行参照，大家往往是根据以往的工作经验，逐渐摸索学校安全工作模式。这样的安全工作方式，往往缺乏科学性和时效性，导致学校安全工作仍然存在一些漏洞和死角。其次是极少数的教育工作者对于学校安全仍抱有侥幸心理，有的认为以前学校工作一直就是这样开展的也没有出过事，没有必要兴师动众地抓安全；还有的教育工作者认为小的隐患不可能发生重大的事故，没有必要过分关注。例如某中学的校长接到教学楼照明损坏的报告后，没有引起重视，结果学生晚自习放学后就发生了死亡21人、受伤47人的严重踩踏事故；再次是教育工作者安全知识匮乏。学校领导不知道应急预案的制订步骤和构成要件；教师不掌握带领学生紧急避险的方法；食堂炊事员不知道食品留样等卫生制度；实验室的实验员不清楚危险品的保管措施；宿舍管理员不熟悉灭火器的使用方法……这些问题都严重地制约着安全工作在学校中的开展。

学校的安全工作需要全社会加以关注和支持

目前学校安全工作依然阻力重重，很大一部分因素就是学校的安全工作没有得到学校外部的大力支持。例如教育部几乎在每年暑期来临之前都要发出预防溺水的相关安全预警，但是因为学生家长对学生暑期游泳安全监管不够，相关水域也往往存在着缺乏安全护栏、安全警示标志等危险隐患，每年暑期，我国都会发生一些中小学生溺水死亡事故。再如目前占学校安全事故比例非常大的交通安全事故，有很多都是社会车辆违章驾驶，以致中小学生因车祸伤亡。

具体到接送学生车辆事故的发生原因，主要集中在以下几个方面：一是使用不符合要求的机动车辆作为接送学生车辆。在一些农村地区，接送学生的车辆不仅有农用运输货车、拖拉机等安全性不达标车辆，而且还有个人非法拼装车和报废车，对中小学生的生命安全构成了巨大的威胁。例如发生在湖南衡阳的接送学生车辆坠河事故，就是多名学生家长不顾学校的劝阻，坚持使用违规车辆，以致发生了严重的后果。二是接送学生车辆驾驶员或者其他车辆驾驶人员违章驾驶，以致发生交通

郑州市郑东新区校车首发仪式在郑东新区康平小学举行（来源：CFP 资料图片）

事故，引发乘坐车辆的学生伤亡。三是车辆到达终点时，司机和随车教师没有认真检查车辆中有无滞留学生，以致发生学生被关在接送车中，引发学生死亡，这类事故近些年多发生在幼儿园的接送车当中。四是缺乏完善的接送学生车辆管理法规。目前，虽然有个别地方，如上海等地对学校的接送学生车辆进行了较为具体的规定，但是从全国范围看，目前有关接送学生车辆的规定还是比较零散地分布在《中小学幼儿园安全管理办法》等有关规定中，尚缺乏一个系统、完善的接送学生车辆管理制度和标准。五是接送学生车辆运行缺乏相应的资金保障。因为经费问题，我国很多地方和学校无法使用规范的校车。学生上下学只能通过步行、骑自行车、乘坐公交车和私家车，甚至搭乘违法车辆，这在无形中增加了发生交通意外事故的几率。由此可见，解决接送学生车辆事故等安全问题并非教育系统一家就可为之，它更多需要政府、社会相关部门的鼎力支持才能得以彻底根治。

○ 怎样建构中小学安全工作长效机制

　　党和国家领导人高度重视学校安全问题，多次专门针对学校安全作出重要指示。

　　2010 年 5 月 31 日，胡锦涛总书记来到中国科技馆，和来自全国的少年儿童一起欢度儿童节。胡锦涛同志指出，全社会都要高度重视少年儿童安全，千方百计保护好祖国的下一代，让他们在平安和谐的环境里健康成长。

　　2011 年 3 月 18 日，温家宝总理在德宏傣族景颇族自治州盈江县指导抗震救灾和灾后重建工作时强调："要把学校和医院建成最安全、最牢固、群众最放心的建筑。"

　　2010 年 5 月 3 日，在全国连续发生了数起针对学校的暴力犯罪案件之后，中共中央政治局常委、中央政法委书记、中央综治委主任周永康同志强调："社会安全最重要的是人身安全，最让人牵挂揪心的是孩子安全！"他指出："要以对人民生命安全高度负责的精神，切实履行维护稳定的第一责任，立即行动起来，加强学校、幼儿园安全保卫工作，为孩子们学习成长创造平安和谐的社会环境。"

　　2011 年 3 月 22 日，中共中央政治局委员、国务委员刘延东同志在全国中小学校舍安全工程现场会上强调："校舍安全工程是国家重大的民生工程和民心工程，要把这一工程建成中央放心、群众安心、确保师生安全的优质工程。"

　　2011 年 3 月 28 日，教育部部长袁贵仁同志参加了以"强化安全意识，提高避险能力"为主题的第十六个全国中小学生安全教育日活动。袁贵仁同志指出："学校多一次安全教育和演练，学生就多一份安全；学校安全管理多一份严格，学生就多一份放心。"

正是在国家的高度重视之下，全国各地教育系统都将安全问题作为重点问题来抓，基本建立起了学校安全工作体系，预防和制止了一大批安全事故的发生。在今后一段时间，教育系统还要进一步提高安全工作的效率和质量，建构起健全的学校安全工作机制。

相关链接

2011 年教育部加强学校安全备忘录

1 月 11 日：《教育部办公厅关于 2011 年中小学幼儿园安全工作第 1 号预警通知》

2 月 11 日：《教育部办公厅关于 2011 年学校突发公共卫生事件防控工作第一次预警通知》

2 月 22 日：《教育部办公厅关于做好第十六个全国中小学生安全教育日主题教育活动的通知》

4 月 8 日：《教育部办公厅关于开展中小学幼儿园安全大检查的通知》

4 月 13 日：《教育部办公厅关于中小学幼儿园安全工作 2011 年第 2 号预警通知》

4 月 27 日：《教育部办公厅关于 2011 年学校突发公共卫生事件防控工作的第二次预警通知》

6 月 10 日：《教育部办公厅关于近期几起中小学生溺水身亡事故的通报》

6 月 15 日：《教育部办公厅关于 2011 年学校突发公共卫生事件防控工作第三次预警通知》

6 月 24 日：《教育部办公厅关于 2011 年学校突发公共卫生事件防控工作第四次预警通知》

8 月 22 日：《教育部办公厅关于近期几起中小学生溺水身亡事故的通报》

完善学校安全法律体系

截至目前，我国已经建立起了由国家法律、部门规章和地方法规等构成的学校安全法律体系。我国的《义务教育法》《未成年人保护法》等法律中都对学校安全工作作出了明确的规定，《侵权责任法》《刑法》等一些法律中也有专门涉及学校安全问题的具体条款。此外，上海、北京、黑龙江、深圳等地制定了地方性的学校安全法律规范，这些都是学校开展安全工作的重要法规依据。

但是，我国尚需建立一部法律效力较高的学校安全专门法。全国人大代表和政协委员多次在"两会"上提出建议和议案，有的还提出立法建议。仅在九届全国人大第四次会议上，就有700位代表向大会议案组提交了21份关于尽快制定《校园安全法》的议案。目前，教育部已经着手启动了《校园安全条例》的制定工作，并力争尽早将其列入国务院的立法计划。在这部立法当中，应当具体规定学校安全工作的基本原则、各部门的基本职责、学校安全的工作内容、学校安全的法律责任等，使学校安全工作能够在《校园安全条例》的指导下制度化、规范化、科学化和高效化。

相关链接

教育部关于接送学生车辆管理的有关规定

"学校购买或者租用机动车专门用于接送学生的，应当建立车辆管理制度，并及时到公安机关交通管理部门备案。接送学生的车辆必须检验合格，并定期维护和检测。接送学生专用校车应当粘贴统一标志。标志样式由省级公安机关交通管理部门和教育行政部门制定。学校不得租用拼装车、报废车和个人机动车接送学生。接送学生的机动车驾驶员应当身体健康，具备相应准驾车型3年以上安全驾驶经历，最近3年内任一记分周期没有记满12分记录，无致人伤亡的交通责任事故。"

—— 《中小学幼儿园安全管理办法》

"中小学幼儿园要有专人负责校车安全管理工作，并逐步探索建立幼儿和低年级学生校车教师跟车值班制度，跟车值班教师要负责清点学生人数，保障学生上下车、过马路和行车过程中的安全，坚决杜绝因将学生遗忘在车内造成的恶性事故。中小学幼儿园购买或租用专门用于接送学生的机动车，必须检验合格，取得运营资质，集体接送学生的车辆统一由中小学幼儿园租用，不得租用外地机动车、个人机动车和拖拉机、三轮汽车、低速货车、拼装车、报废车接送学生；教育行政部门要会同有关部门加强对校车驾驶人的教育和资格审核，不得聘用不合格驾驶人；省级公安机关交通管理部门和教育行政部门要按照公安部、教育部印发的《关于实施国家标准〈机动车运行技术条件〉（GB7258-2004）第2号修改单的通知》（公交管〔2007〕162号）要求，研究制订接送学生专用校车的统一标志或标牌，由公安机关交通管理部门负责核发接送学生车辆标牌，教育行政部门会同公安机关交通管理部门组织喷涂接送学生专用校车标志。"

—— 《关于加强农村中小学生幼儿上下学乘车安全工作的通知》

同时，对接送学生车辆等重大安全工作的管理应制定专门的法律法规或者在相关法律中加以补充完善，使工作有法可依。2010年7月1日，国家出台了首部专门强制性国家标准《专用小学生校车安全技术条件》，规定校车运载学生人数不得超过核载人数。小学生校车每座必须配备安全带、安装"汽车黑匣子"，至少应设两个应急出口。同时，该规定还对校车座椅、内饰材料、出口、车窗等作了具体要求。但是我国还缺少对校车运营和管理的相关法律法规，应借鉴国外较为成熟的法规尽快完善起来。

相关链接

美国：美国联邦政府和各州为校车制定的法律法规，总共竟有500项之多。近年来美国交通部还颁布了36项用于校车的安全标准，包括校车车体结构、防倾覆保护、刹车装置等。当学生上下车时，校车会打开标有"STOP"的信号板，此时双方向的任何车辆都必须全部停车等待。

韩国：韩国2006年在《道路交通法》对校车作出了全面的规定，对校车申请、更换、性能、标记、保险、行驶规则、司机的义务与责任，都作出了详细的规定。韩国的校车颜色统一规定为黄色；车门处第一层台阶高度30厘米、第二层台阶高度20厘米；车前玻璃右侧和车后中央下方贴上"儿童保护车辆"字样；校车必须加入综合保险；坐席安全带要符合儿童体形；车辆门窗必须是开放型；车内不得放折叠椅等。

日本：日本各幼儿园和小学明确规定，校车上除司机外，还得有两名幼儿园老师帮着照顾孩子。每次上车时，老师必须先下来数孩子，并送上车，自己最后再上；下车时，老师则要先下来，再数一遍人数，挨个扶下车，亲手交给家长。

泰国：由于有家长反映，女司机比男司机更细心，因此泰国规定，尽可能让女司机驾驶校车。此外，泰国的校车都有安全灯，在交通拥挤的区域会一直闪黄灯，此时其他车大多会自觉地"避让三分"。

加拿大：加拿大的校车依大小而定，有2到8个座位上要配备安全座椅的固定扣，以确保体重不满18kg的儿童乘坐校车时更加安全。校车是加拿大最安全的儿童运输工具，加拿大每年与校车有关的死亡事故为零。

法国：在法国，校车司机必须通过严格的驾驶考试，拥有省一级的校车驾驶执照才能上岗。法国校车司机的工作手册用英、法两种文字印刷，对出车前的检查，收车后在停车场各种装置的情况等都有详细规定。

德国：德国明确规定，儿童在校车内不准打闹，不准吃东西，更不准带玻璃瓶子上车，以防破碎伤人。校车一定要在规定车位停车，在进出车站时，校车要做出明显的灯光表示，此时其余车辆一律不准超越校车。

建构学校安全标准化工作体系

在学校安全工作中，应着重建设全覆盖的学校安全工作模式，形成由学校安全预防体系、学校安全应对体系、学校安全恢复体系构成的学校安全标准化工作体系。

学校安全预防体系建设

学校安全预防体系，就是学校在事故发生之前通过周密的准备，将事故隐患消灭在萌芽状态的安全管理体系。学校安全事故的预防是整个学校安全体系当中的第一个环节，如果能够利用这个环节有效预防学校安全事故，就是学校安全工作最理想的状态。在学校安全预防体系建设当中，应当着重做好以下几方面的工作：

第一要建立学校安全组织。学校安全组织是教育行政部门和学校内部负责学校安全工作的专门组织。学校安全管理必须有组织上的保障，否则学校安全管理工作就无从谈起。第二要完善学校安全责任制度。建立一个完善的学校安全责任制度的总要求是：横向到边、纵向到底。即学校的安全责任在范围上应落实到每一个工作环节，同时也要明确从校长到每一名教职工的具体职责。第三要健全学校安全制度。按照《中小学幼儿园安全管理办法》的有关规定，学校应当建立起门卫制度、校内安全定期检查制度、消防安全制度等学校安全制度。第四要进行学校安全检查。学校不仅要开展定期的、日常的安全检查，还要开展综合的、专项的安全检查，有条件的还可以邀请消防、卫生防疫等专

四川南充两所学校举行地震、消防实战演练（来源：新华社资料图片）

业人员以及学生家长协助学校开展安全检查。第五要开展学校安全教育。既要按照《中小学公共安全教育指导纲要》的有关要求，开展针对学生的安全教育，也要有专门针对学校校长和教师的安全教育。

全国各地加强校车管理的举措

2011 年 8 月 24 日，教育部在北京召开全国中小学校车试点工作启动会，决定在浙江省湖州市德清县、山东省威海市和滨州市无棣县、辽宁省本溪市桓仁县、黑龙江省鸡西市、陕西省西安市阎良区六个地区开展中小学校车运营管理试点工作。

吉林省政府办公厅近日下发《关于进一步加强全省中小学生上下学交通安全工作的意见》，要求各区（市、县）政府积极探索车辆购置及管理模式，例如：可以由政府出资统一购买车辆接送中小学生；可以实行政府和个人共同出资购置车辆接送中小学生，可以由政府委托专业经营运输公司接送中小学生；可以采取优惠政策，组织社会运力承担中小学生上下学运送等。

江西省高安市对校车及驾驶人建立专门的管理档案，校车行驶证、保险、检验、资格审查"四证"齐全。

黑龙江省鸡西市学生乘车实行校长负责制，做到接送工作定线、定车、定位、定时，设立接送学生车辆专用统一标志。

山东省威海市政府公开招标、统一采购校车，并给予补贴和税费减免。将贫困学生"两免一补"中"补助寄宿生生活费"改为"补助乘班车、寄宿生生活费"，每生每年补助 300 元，保证贫困学生也能坐上安全的校车。

福建省厦门市要求校车驾驶员要有准驾同类车型 5 年以上的驾龄，校车必须喷涂统一颜色，使用统一的标志牌，并详细规定了不同类型校车的标志牌尺寸、图案、字体、油漆颜色、标号。

学校安全应急体系建设

学校安全应急体系是学校针对有可能发生的学校突发事故，提前建立的应对系统。其作用就在于避免或者减少学校事故所造成的人员伤亡或财产损失等损害。学校应急体系主要由学校安全预警、学校安全应急预案和学校安全应急演练三个系统构成。

其中，学校安全预警是学校安全应急体系的前提，没有学校安全预警，就不会启动学校安全应急预案；学校安全应急预案是学校应急体系的基础，没有安全应急预案，就不可能形成学校的应急体系，学校的应急演练也就无从着手；学校应急演练是学校应急体系的支持和保障。只有通过应急演练，才能使学校的师生熟悉安全应急预案的具体内容和程序，以保证安全应急预案在需要的时候能够及时启动，并发挥最大效力。

学校安全恢复体系建设

学校安全恢复体系，就是学校在事故发生后通过科学、有效的处理，将事故造成的负面影响降到最小，同时使学校的教育教学恢复到事发之前状态的安全管理体系。其中包括证据收集、心理安抚、媒体应对、事故调查、法律救济、保险索赔、教学恢复等重要内容。尤其值得注意的是，去年刚刚实施的《侵权责任法》加大了学校的举证责任，因此学校在安全事故发生之后，应当格外注意证据收集工作的开展。

形成全社会关心学校安全的良好氛围

维护学生的安全工作不仅仅是教育系统的任务，学校安全需要社会各界和政府各个部门通力协助，才能达到最佳的效果，保证学校师生的人身和财产安全。首先，教育、公安、司法行政、建设、交通、文化、卫生、工商、质检、新闻出版等部门应当加强协助，落实和健全联席会议制度，定期研究部署学校安全管理工作。政府各个职能部门也要按照自己的分工对学校安全工作加以落实，例如公安机关应当加强校园周边安全防范、维护学校门口的交通秩序；卫生防疫部门

北京警方联合教育部门和保安公司，为北京市配备专职校园保安，图为身着防护装备的校园保安在北京市第一实验小学校内进行巡逻（来源：CFP 资料图片）

要加强对学校餐饮的监督检查，防止疫情在学校的发生；文化部门要坚决取缔学校周边的违法网吧、歌舞厅等。其次，学生家长和学校所在社区、村镇也应当配合学校的安全工作，加强对学生校外安全的教育和监管，协助学校做好校园周边的安全防范。只有全社会共同关心学校安全，才能真正保障学校安全工作的顺利开展，让孩子在校园中健康快乐地成长。

★背景阅读

● 中共中央国务院关于加强青少年体育增强青少年体质的意见，2007-05-07.

● 国家体育总局关于实施《国家学生体质健康标准》的通知教体艺〔2007〕8 号，2007-04-04.

● 中华人民共和国教育部学生体质健康网，http://www.csh.edu.cn/.

● 中国学生体质与健康研究组. 2000 年中国学生体质与健康调研报告 [M]. 北京：高等教育出版社，2002.

---

① 褚朝新，郭少峰. 湖南校车坠河 14 人身亡，每个孩子补偿 18.8 万 [N]. 新京报，2010-12-29（27）.
② 武增田. 博爱双语幼儿园被关闭 [N]. 海口晚报，2011-08-31（8）.

14 大班额如何"消肿"
——谈大班额的不利及对策

典型事例

　　《我国中小学超大班额现象的调查》成为刚刚出版的教育蓝皮书《中国教育发展报告 2011》中颇具影响力的调查篇章。……全国小学、初中和高中三个学段班额情况呈现不同的特点。在小学阶段，县镇依然是大班额和超大班额的主要区域，农村的班额总体偏小，这与当前农村学生大量流失的现实基本吻合；初中阶段，大班额与超大班额的数量比小学阶段多得多，县镇最多；高中阶段，小班额更少，大班额和超大班额更多。[①]

　　2010 年 7 月颁布实施《国家中长期教育改革和发展规划纲要（2010—2020 年）》指出，在义务教育阶段，要推行小班化教学；在高中阶段教育，逐步消除大班额现象。

○ 我国的班额如何

　　2006 年 11 月 14 日的《教育部关于进一步加强中小学校校舍建设与管理工作的通知》（教发〔2006〕21 文件）中指出，政府坚决杜绝大班额情况的出现，并且规定，城市小学、中学每班班额分别不超过 45 人和 50 人，农村非完全小学、完全小学、初中每班班额分别不超过 30 人、45 人和 50 人。

中华人民共和国教育部
Ministry of Education of the People's Republic of China

教 育 部 文 件

教发〔2006〕21 号

教育部关于进一步加强中小学校校舍建设与管理工作的通知

......

各地要严格依据中小学校校舍建设标准，合理确定普通中小学校建设规模，坚决杜绝大班额情况的出现。其中城市普通中小学校的建设规模必须根据批准的学校规模、城市建设规划的要求确定，城市小学、中学每班班额分别不超过 45 人和 50 人。农村中小学校的建设规模，应根据学制、学校规模、面积指标，并参照农村经济发展水平、城镇化推进程度和人口发展规划等合理确定，农村非完全小学、完全小学、初中每班班额分别不超过 30 人、45 人和 50 人。

......

二〇〇六年十一月十四日

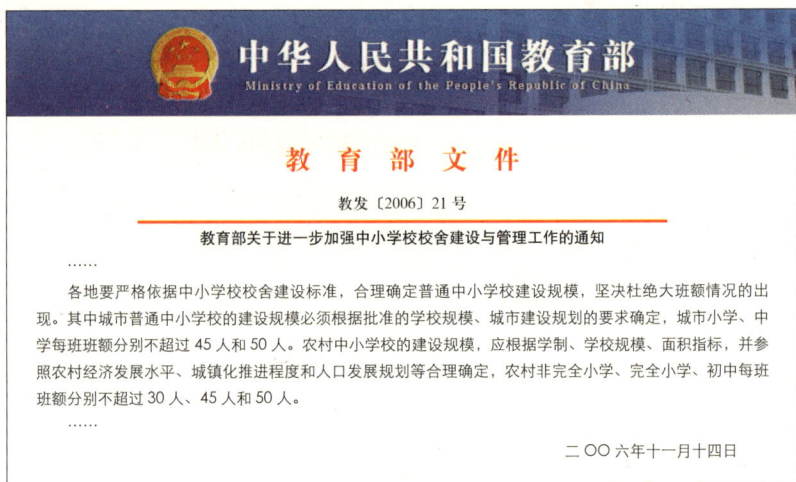

我国 2009 年对班额普查发现，目前在城市、县镇和农村三个区域的小学、初中和高中均有不少班级的班额大于或等于 66 人（见下图），其中，县镇的小学、初中和高中的超大班额现象最为严重，特别是县镇的初中。全国小学阶段大于或等于 66 人的超大班额占 5.36%，初中和高中阶段大于或等于 66 人的超大班额分别为 16.74% 和 20.99%。[②]从大班额分布区域来看，中西部的大班额现象比较严重。

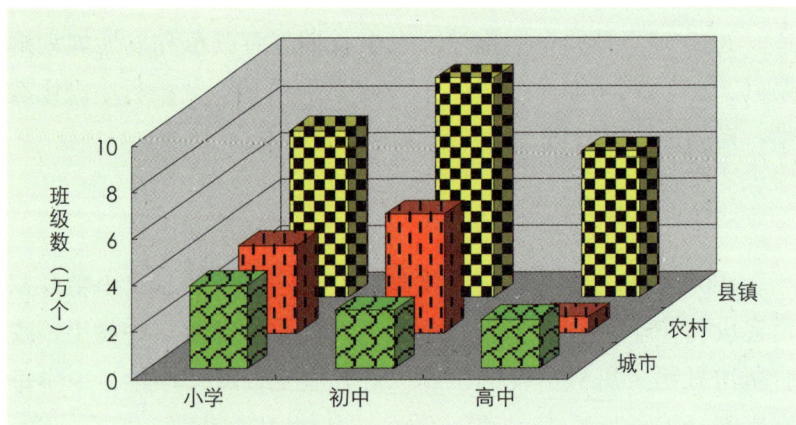

全国城市、县镇和农村三个区域的小学、初中和高中班额大于或等于 66 人的情况（数据来源：《中国教育统计年鉴 2009》）

经合组织（OECD）《教育概览（2010）》显示，各成员国小学、中学平均班额分别为 21.6、23.9；在参与世界教育指标（WEI）项目的国家中，中国中学的班额最大，发达国家的中小学班额相对较小。

综上所述，与国际上的班额情况相比较，我国的班额相对偏大。

○ 大班额有哪些危害

大班额带来安全隐患

当班额较大时，学生下课、放学下楼速度缓慢、拥堵，再加上学生在下楼期间玩耍，你推我挤，很容易发生踩踏事件。除踩踏事故之外，班里人数多，课桌椅把教室塞得满满的，学生活动空间变小，人员密度过大，不利于空气流通，尤其到了冬季，学生只能关起窗户上课，整个教室空气混浊，往往一人得病染及多人，容易引发流行性疾病的传播和蔓延。学生在课桌间穿行紧张缓慢，当地震、火灾等灾难来临时，逃生是很困难的。因此，有必要 "消肿" 大班额。

大班额影响课堂上学生的视觉注意

在大班额教室里，相对位于讲台中央的黑板来说，教室两侧学生太偏，后排学生又太远。由于人类 80% 以上的信息是通过视觉通道输入的，所以相对于听觉信息来说，人们更加重视视觉信息。[3]研究者通过在中学教室现场实验发现，教室前面几排两侧学生看清楚黑板远端的字很困难，看清楚黑板近端的字较容易，后排学生也较难看清楚黑板的字。若学生无法在课堂上进行快速的视觉注意，则为进一步深加工设置了障碍。[4]其后果是，这些位置的学生几乎每天完成课后作业都很困难，其自信心将受到影响，学习成绩提高产生障碍，进而给师生间相互评价、课堂间师生互动带来消极影响，最终导致师生消极的教与学。

然而，在浙江省嘉兴市秀洲区友谊小学的小班化教室里，当以教师授课为主时，课桌摆成"秧田形"，可以使每个学生都面对教师。此时，前排、后排与黑板之间的距离均适当，前排两侧学生均能看清黑板远端的字等，因此，这些位置学生的课堂视觉注意都很快，其他位置学生的课堂视觉注意更不会受到影响。

因此，为加快学生在课堂上进行快速的视觉注意，大班额"消肿"迫在眉睫。

相关链接

"小班化"的课堂是啥样？[5]

嘉兴市逐步推进"小班化"教学，小学每班34人，初中每班40人以下。

上课举手发言，对孩子意味着什么？意味着对老师所教知识的迅速消化和组合，意味着在人前自信地表达，意味着自己是课堂的小主人而没有"边缘化"，这可以让自信的孩子更快乐，让缺乏自信的孩子逐渐走向自信。每班36个学生每人至少有一次站起来发言的机会，在其中一堂科学课上，除了每人都发言外，还有为数不少的学生得到了当众模拟实验的机会。做完实验后，学生们开心地告诉老师："我明白了什么叫相对运动，地球是怎样自转的……"

对于以老师授课为主的课，课桌摆成"秧田形"，可以使每个学生都面对老师，感觉被呵护和重视；如果这堂课有很多学生以小组为单位集体讨论的内容，就把课桌摆成"品字形"，方便学生交流；如果是班会课或才艺比赛，则把课桌摆成"马蹄形"，给教室留出足够的空间做舞台。……学校还规定老师们批改作业时必须和学生"面对面"，优秀的当场表扬，错误的地方询问缘由，然后当场指导学生改正，让作业真正发挥巩固知识的效果。

大班额影响学生的学习成绩

班额越大，教师的教学设计越难满足每个学生，教师也无法对个体进行辅导，所以课堂教学效果较差。在课堂教学效果难以保证的情况下，怎么能不影响学生的学习成绩呢？而且，学生过多将造成课堂秩序难以维持，学困生相对增多，班级复杂情况增多，难以培育良好的班风。

美国从20世纪80年代就已经开始追踪研究班额大小对学

生学习成绩的影响。在该项目里，研究者让所有学生自由选择不同班额的班级，班额包括三种，小班额：13～17人；符合国家规定的班额：22～25人；伴有教师帮助指导且符合国家规定的班额：22～25人。然后，对所有学生进行标准化测验和基于课本的测验，结果发现，从1年级到4年级，小班额学生的学习成绩显著地获得提高；4年中，小班额学生的学习成绩显著高于其他两种班额学生的学习成绩；小班额中学习成绩最差的学生受益最大。对这些学生继续跟踪研究发现，在中学期间，小学阶段在小班额班级中学习的学生，更多地能够按时毕业并获得更好的学习成绩，能够完成高级的、难度较大的课程。[6]此外，还有黄金时段项目、班额减少项目，这些项目均发现，小班额能够提高学生的学习成绩等。

因此，从提高我国学生学习成绩的角度出发，消除大班额是必需的。

大班额影响学生心理

对于小学低年级来说，一个班级有50多名学生，教师将没有时间在课堂上照顾到每名学生。如果从教师提问到学生回答结束，每个学生一般至少需3分钟，50多名学生的班级，如果每名学生都获得被提问的机会，教师将花费超过一节课的时间。那么对于超过50人的大班额、超大班额来说，教师在课堂上将会忽视更多的学生，甚至都认不全学生，而缺少教师关注的小学生，自信心自然会受到打击。这就是为什么有的孩子在

湖北巴东县某小学老师的讲台被超级大班的学生"逼"到了一处角落（来源：CFP资料图片）

幼儿园时很活泼，然而升到小学后，却变得沉默寡言，越来越没有自信心。

小学阶段是孩子身心发展的"萌芽"时期，在这一阶段，孩子的自学能力、自理能力都很差，需要教师手把手地教，心贴心地鼓励。因此，孩子在校能否得到细致的照顾和教育，比徒有一个名校的光环更加重要。因此，浙江省嘉兴市秀洲区友谊小学，每班36人，每个学生均可以在课堂上有一次发言的机会，甚至不少学生还可以在课堂上当众模拟实验。学生在课堂上被提问，能够促进学生在课堂上专心听讲、积极思考，使学生更加自信，并使其更加快乐，最终促进学生心理健康。

由此可见，大班额阻碍了教师对学生的关注程度，而缺乏关注将严重危害学生的自信心等心理状态。

大班额对教师产生负面影响

严重的大班额现象对教师也产生极大的负面影响，有55.1%的教师反映工作压力较大，32.4%的教师反映工作压力过大。调查还显示，小学、初中教师周平均工作时间为42.4个小时，班主任周平均工作时间达到52.1个小时。90%的教师反映周六、周日还要备课、批改作业和家访等；20.6%的山区农村教师承担了跨年级、跨课程的教学任务。[7]因此，大班额大大加重了教师的工作量。

工作压力过大直接影响教师身心健康。有调查显示，反映睡眠质量较差和非常差的教师为21.5%；反映经常感到精神疲惫的为28.4%，其中城市为36.5%，高出农村12个百分点；教师经常因为一些小事而不能控制情绪的占13.4%，城市这一比例为17.7%，高出农村8个百分点。[8]由此可见，大班额大大加重了教师的工作量，从而增加教师的工作压力，进而影响教师的身心健康。

浙江省嘉兴市秀洲区友谊小学自从实行小班化教学以来，

教师在学校里"面对面"地批改学生的作业，同时还给予评语。这种做法将使作业的效果达到最大化；同时教师基本上在工作时间内能够完成教学任务，基本上不用再加班加点，从而减轻教师工作负荷。

综上所述，大班额违背了教育规律，降低了学校的办学品质，不利于青少年的身心健康，影响到学校的教学质量，所以必须坚决遏制大班额现象，呼唤小班化。

○ 什么原因导致大班额

从 20 世纪 70 年代到现在，30 多年的计划生育工作，使我国少生 4 亿多人。根据以前的学校、班级数量的配置，我国的班额应该呈现减少的趋势。然而，目前，我国大班额现象非常严重，主要集中在县镇、

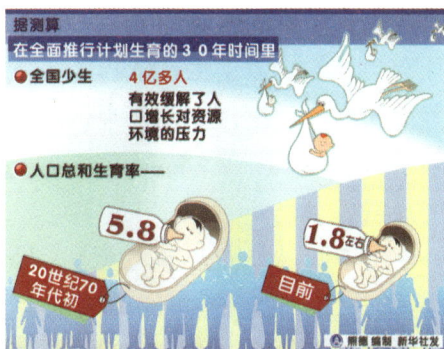

计划生育工作使我国少生 4 亿多人（来源：新华社资料图片）

城市的重点学校以及重点班级，原因何在？

城市化进程加快，教育资源拓展滞后

在城市化、城镇化进程速度加快的时代背景下，大量农民工涌入城市和城镇。而教育资源拓展相对滞后，例如学校的校舍、师资以及相应的配套设施满足不了教学的要求等，直接导致大班额现象的发生。

教育资源分配不均衡

目前，国家财政在教育上投资不足，也有地方财政对教育投资不到位等问题，造成教育资金短缺的现象。为了提高高考升学率，一些地方对教育资源分配不均衡，主要投资于重点学

校，使得薄弱学校与重点学校在软件与硬件方面的差距越来越大。很多家长为了让孩子接受良好的教育，盲目择校，最终导致重点学校班额越来越大，尤其重点班级。

招生制度不完善

幼儿进入小学以及小学升初中，各城市、县镇基本上都是本着相对就近入学的原则，然而学校不能严格执行按片区就近入学，有不少学生跨区域上学等，带来热点区域的小学、初中的大班额现象日渐普遍。

初中升高中，大多数城市、县镇都是通过考分来录取。但一些重点学校主要招收分数线以上的学生；还招收低于分数线且有关系的少数学生；学校为了提高升学率，还招收往年高考落榜的高分学生。如此一来，重点高中的班额自然就"肿"起来了。

撤点并校

由于农民工大量涌入城市、城镇，留守中小学生大幅度减少，所以旧有的学校因学生少而被撤掉，很多学生不得已只好在县镇中小学就读，造成县镇中小学班额严重超标。

由此可见，导致大班额的主要成因是城市化进程加快，教育资源拓展滞后，教育资源分配不均衡，招生制度不完善，地方政府采取撤点并校措施等。

○ "消肿"大班额有哪些举措

大班额已经严重影响了学校正常教学，应当引起社会各界的关注和思考。可以说，为大班额"消肿"是全社会的共同期待，也是共同责任。"消肿"大班额是一项长期而艰巨的任务，绝不是一朝一夕能够解决的问题。它需要国家财政投入大量经费，同时，地方政府也需要配套投入大量资金，因此，该项工程需要全社会共同努力。

教育部在"消肿"大班额方面已经做了大量的工作。教育部非常重视"大班额"问题，并出台多项政策切实解决大班额现象，从而还学生一个优质的学习环境，保障学生的身心健康，加速学生的课堂视觉注意，提高学生的学习成绩，同时减轻教师的工作压力，促进教师心理健康等。

校长教师合理流动，缩小校际差异

义务教育均衡的关键是教师的均衡。为了促使同一区域不同学校师资均衡，教育部 2010 年 1 月 4 日出台的《教育部关于贯彻落实科学发展观　进一步推进义务教育均衡发展的意见》（教基一〔2010〕1 号），要求校长教师合理流动，从而缩小学校间师资质量的差异。为了缩小学校间师资的差异，一些地区已实施教师定期流动的措施。

中华人民共和国教育部
Ministry of Education of the People's Republic of China

教 育 部 文 件

教基一〔2010〕1 号

教育部关于贯彻落实科学发展观　进一步推进义务教育均衡发展的意见

······

　　地方各级教育行政部门要加大合理配置教育资源的力度，通过促进校长教师合理流动、完善招生政策、共享优质教育资源、加快改造薄弱学校、减少大班额现象、规范办学行为、整体提高学校教育教学水平等多种举措，促进义务教育学校办学水平基本均等，保障学生免试就近入学，有效缓解城市择校问题，保障进城务工人员随迁子女与当地学生平等接受义务教育。

······

二〇一〇年一月四日

对于县镇和农村，县级教育局应当要求每位校长、教师必须有支教当地穷困山区、农村的经验，这种经验将是教师晋升校长必须具备的资历，是教师晋升职称的基本资格，是模范先进教师必须具备的经历，是民办教师转正的基本要求等。对于常年支教贫困山区、农村的教师要进行物质上和精神上的奖励，

沈阳治理"择校热"再出新招，通过"集团化办学"新模式，推动教育发展优质均衡（来源：CFP 资料图片）

他们的工资应该远远高于县城、镇教师的工资。

对于高中学校，也可以校长、教师在同一区域流动，尤其对名校长和名教师更应合理流动，名校长、名教师不是某个学校的财富，而是社会的财富。通过小学、初中和高中校长、教师合理流动，将能够缩小同区内学校间师资的均衡，避免家长和学生因师资差异而择校，进而遏制大班额。

改造薄弱学校，促进校际发展均衡化

学校硬件均衡是基础教育均衡发展的基础，硬件均衡主要包括办学条件、教学设施、校园环境等的均衡。国家、地方政府应大力投资薄弱学校，即薄弱学校的投资应该远远超过优质学校的投资。教育部要求各地区加快改造薄弱学校，促进同一区域学校发展均衡化。然而，一些地区、地方政府大力投资重点学校、示范学校，使得重点学校、示范校的班额严重超标。因此，教育部在 2009 年 4 月 22 日出台《教育部关于当前加强中小学管理规范办学行为的指导意见》（教基一〔2009〕7 号）中指出，坚决反对打造"重点校"或"示范校"，反对搞形象工程。这样将能够促进同一区域内学校间硬件的均衡。

城乡合理规划布局，避免简单撤点并校

目前，大量农民工为了生计涌入城市、县城，农村的学生数量大大缩减，一些地方教育行政部门对学生较少的学校实施撤点并校，一定程度上导致县镇中小学的班额迅速"肿"起来。因此，教育部 2009 年 4 月 22 日出台《教育部关于当前加强中

小学管理规范办学行为的指导意见》（教基一〔2009〕7号）要求，对于城乡学校，合理规划学校布局，避免简单撤点并校。

完善招生制度，促进生源均衡化

目前，在一些城市、县镇，校长可以招收片区以外的学生，但要求家长缴纳赞助费等。教育部2010年1月4日出台的《教育部关于贯彻落实科学发展观 进一步推进义务教育均衡发展的意见》（教基一〔2010〕1号）特别强调要完善招生制度。在一些城市、县镇等地方，当地政府已经出台政策，在录取新生时，一定要坚持适龄儿童、少年的户籍与父母户籍相统一，以及适龄儿童、少年的户籍与实际居住地相统一的原则，严格实行划片招生、相对就近入学，不得拒收本学区内的学生；严格按照计划招生，有效控制班额；严格控制借读生，在学区内生源全部招尽，班额尚有余缺的情况下，经批准学校可适当接收部分借读生，但不得收取借读费；严格控制非适龄儿童入学。

同样，对于高中阶段，也应完善招生制度。各高中应该严格依照学校能够容纳的学生数量确定分数线，并且严格按照重点班级能够容纳的学生数量确定分数线，坚决杜绝招收分数线以下的学生。

无论小学、初中和高中，各地方政府都应加强监督工作，对于违背条例或原则的校长，应严惩不贷，从而使招生制度顺利实施。

此外，政府部门还应加强监管力度，保证我国逐步实现小班化教学。在未实现小班化教学前，政府

温州某小学推行小班化实验教学，把课桌围成马蹄形
（来源：CFP 资料图片）

仍应重视大班额教学研究工作，教师应采取特殊教学策略，例如，分组教学或分组讨论等。小班化教学是政府的愿望，同时也是学生、家长、教师、学校乃至全社会的愿望。事实上，由于大量农民工涌入城镇，一些农村学校的学生人数急骤下降，这正是实施小班化教学的合适环境。目前，有研究发现，当前排边座学生能够看清楚黑板对侧，并且教室最后一排学生也能够看清楚黑板，此时，中学班额应不超过 24 人。⑨小学理想班额尚需进一步研究。

★ 背景阅读

• 李新玲. 中西部地区中小学班额突破底线 [N]. 中国青年报，2011-03-18.

• 国家中长期教育改革和发展规划纲要（2010—2020 年）.

• 教育部. 教育部关于进一步加强中小学校校舍建设与管理工作的通知，教发〔2006〕21 号.

① 李新玲. 中西部地区中小学班额突破底线 [N]. 中国青年报，2011-03-18 (3).

② 韩进. 中国教育统计年鉴 2009[M]. 北京：人民教育出版社，2010：67-155.

③ 王淑珍，朱思泉. 视觉信息加工的神经机制 [J]. 眼科研究，2008，26 (9)：717-720.

④ 马艳云. 学生座位对学生课堂注意之影响 [J]. 教学与管理：中学版，2006，(10)：21-24.

⑤ 沈爱君. "小班化"的课堂是啥样？——36 个学生每人都有"发言权"，作业当面批改 [N]. 南湖晚报，2011-05-20 (4).

⑥ Achilles C M. Students achieve more in smaller classes [J]. Educational Leadership,1996, 53 (5)：76-77.

⑦⑧ 国家教育督导团. 国家教育督导团关于印发《国家教育督导报告 2008 (摘要)》的通知（国教督〔2008〕6 号）[EB/OL]. (2008-12-03) [2011-08-12] http://www.moe.gov.cn/publicfiles/business/htmlfiles/moe/moe_307/200812/42502.html.

⑨ 马艳云. 中学教室空间界限：视觉搜索证据 [J]. 教育科学研究，2011,190 (1)：48-53.

后 记

　　参加本书起草、修改和具体联络工作的有：张宁娟、马延伟、孙智昌、宋时春、项纯、杨宝山、李新翠、桂庆平、刘在花、冯新瑞、方铭琳、王晓霞、杨希洁、赵小红、高慧斌、吴健、于素梅、马雷军、徐美贞、马艳云、徐长发、李东、邓友超、金东贤、郑庆贤、杨清、田凤、余冠仕、柴葳、柯进、刘琴、李凌、赵建武、魏亚萍、谭方正、陈星、樊敏等同志。田慧生、刘贵华、孙袁华、刘灿、高宝立、曾天山、蒋峰等同志自始至终参加了起草和修改工作。何京华、王民养、俞伟跃、王薇、刘月霞、臧爱珍、谢敬仁、王辉、张芯等同志参与了有关章节的审改。许涛、宋德民、朱慕菊、王定华、李天顺、申继亮、廖文科、杜柯伟、张浩明、杨银付等同志给予了具体指导和大力支持。本书编写工作由袁振国、续梅同志主持。

编　者

2011 年 10 月

出 版 人　所广一
责任编辑　刘　灿　欧阳国焰
版式设计　李宗沅　罗旭明　沈晓萌
责任校对　张　珍
责任印制　曲凤玲

图书在版编目（CIP）数据

　　对话教育热点：彩色版．2011／教育部新闻办公室，
中国教育科学研究院组织编写．—北京：教育科学出版社，
2011.12
　　ISBN 978-7-5041-6164-2

　　I．①对… II．①教… ②中… III.①教育工作-中国-
文集　IV．①G52-53

　　中国版本图书馆CIP数据核字（2011）第255648号

对话教育热点 2011

DUIHUA JIAOYU REDIAN 2011

出版发行　**教育科学出版社**
社　　址　北京·朝阳区安慧北里安园甲9号　　市场部电话　010-64989009
邮　　编　100101　　　　　　　　　　　　　编辑部电话　010-64981245
传　　真　010-64891796　　　　　　　　　　网　　址　http://www.esph.com.cn

经　　销　各地新华书店
制　　作　宗沅雅轩
印　　刷　保定市中画美凯印刷有限公司　　版　　次　2012年1月第1版
开　　本　169毫米×239毫米　16开　　　　印　　次　2012年1月第1次印刷
印　　张　12.5　　　　　　　　　　　　　　印　　数　1-5000册
字　　数　150千　　　　　　　　　　　　　定　　价　32.00元

如有印装质量问题，请到所购图书销售部门联系调换。